JN269149

プラグマティズムと記号学

笠松 幸一
江川　 晃

keiso shobo

まえがき

私たちの専攻分野は、哲学であり記号学である。本書『プラグマティズムと記号学』は、私たちの以下のような基本了解に基づいて著された。プラグマティズムの研究には記号学の理解が必要であり、また記号学の研究にはプラグマティズムの理解が必要である。

本書は、プラグマティズムの研究から記号学に歩を進めた者として、私たちが共有する以下の三つの問題把握に立脚して著された。

1　なぜプラグマティズムには、ある意味で必然的なものとして記号学（論）が伴うのか。

2　パース、ジェイムズ、デューイ、ミード、モリス等の記号学（論）の特徴は何か、また彼らの記号学（論）は、理論的にいかなる脈絡関係にあるのか。

3　二一世紀におけるプラグマティズムの記号学、その可能性はなにか。

以上の諸点に基づいて、プラグマティズムの記号学、その現代的意義を明らかにすることが本書の目的である。

なお、本書における記号学と記号論の用語であるが、記号の科学への指向の強いパースとモリスについては記号学、その他は記号論とした。

本書の執筆にあたっては、可能なかぎり簡潔な記述に努めた。本書を手にされる方々が、多少なりともおもしろさを感じてくださり、今後ますますプラグマティズムと記号学に理解を深めてくださるならば幸甚である。

プラグマティズムと記号学

目次

第一章　プラグマティズムと記号学の関係

プラグマティズム（pragmatism）は、現代哲学の主要潮流のひとつとして今なお発展途上にある。また、古代ギリシア以来の歴史を持つ記号学（論）（semiotics）も、現在、文化記号論、生命記号論、環境記号論、動物記号論等の新境地を開拓しつつある。プラグマティズムも記号学もともに二一世紀の諸科学の動向と深く関わっている。プラグマティズム、そして記号学は、いかなる歴史的経緯において成立し、いかなる学的関係にあったのか。

1　プラグマティズムの発展

プラグマティズムと記号学は、ある哲学者の存在と密接に関わっている。その哲学者とはパース(C. S. Peirce, 1838－1914)である。彼は、プラグマティズムの創始者であるとともに、現代記号学の創始者でもある。一九世紀末アメリカに始まる哲学、プラグマティズムは、パース以降、ジェイムズ(W. James, 1842－1910)、デューイ(J. Dewey, 1859－1952)、ミード(G. H. Mead, 1863－1931)、モリス(C. W. Morris, 1901－79)等に担われ、二〇世紀の哲学において一大思潮を築くにいたった。彼らに共通する理論的特徴は、端的に、人間の思考あるいは論理を「行為」(behavior, conduct, action)との関係において捉える、ということである。一九三〇年代、ヨーロッパからアメリカに移住してきたカルナップ(R. Carnap, 1891－1970)やライヘンバッハ(H. Reichenbach, 1891－1953)を中心とするウィーン学団の論理実証主義が台頭するにつれて、プラグマティズムは、一時期哲学の中心的舞台から退いたかのように見えた。それは、理論的基盤を記号論理学に求めた論理実証主義が、プラグマティズムに比して、その形式的な厳密性の点で優れていたからである。

しかしながら、論理実証主義における意味の検証をめぐる問題が露呈するにつれて、プラグマティズムは、現代アメリカ哲学にネオ・プラグマティズム(neo-pragmatism)として再び登場する。例えば、クワイン（W. O. Quine, 1908－2000）の連続主義および全体論、グッドマン（N. Goodman, 1906－　）の相対的構成主義、パットナム（H. Putnum, 1926－　）の内在的実在論、ローティ（R. Rorty, 1931－　）の解釈学的転回等である。これらネオ・プラグマティストたちは、総じて知識形成を状況や社会的行動としての会話から基礎づけようとしている。

2　パースのプラグマティズム

プラグマティズムの開始

プラグマティズムは、一八七〇年代初頭マサチューセッツ州ケンブリッジにおいて、ハーバード大学を卒業した若い知識人たちの哲学サークル「形而上学クラブ」（metaphysical club）から生まれた。このサークルには、弁護士、歴史学者、そして哲学者等が常連として参加していた。その中の有力メンバーとしてパースやジェイムズ等がいた。パースは、このサークルの議論の中でプラグマティズムの原理を萌芽的な形で発表した。この原理が最初にはっきりとした命題の形として現れたのは、一八七八年のパースの論文「観念を明晰にする方法」（How to Make Our Ideas Clear）においてであった。この論文を高く評価して、プラグマティズムを広く世に紹介したのはジェイムズである。ハーバード大学の哲学科主任教授ジェイムズは、一八九八年、カリフォルニア大学で「哲学的概念と実際的効果」（Philosophical Conceptions and Practical Results）と題する講演を行い、ここにプラグマティズムの思想運動が提唱された。

記号学の開始

ところで、パースは、論文「観念を明晰にする方法」においてプラグマティズムを確立する以前、「人間にそなわっていると主張される諸能力に関する問い」（Questions Concerning Certain Faculties Claimed for Man, 1868）と「四能力否定の帰結」（Some Consequences of Four Incapacities, 1868）において記号主義を宣言している。[1] その主旨は以下のとおりである。人間の思考と認識は本質的に記号過程（semiosis）にある。私たちは何かものごとを考えるとき必ず記号を用いており、すべての思考は記号のうちにあり、したがって精神とは推論の法則に基づいて発展するところの記号過程である。

パースがプラグマティズムの哲学を発表したのは、「信念の確定」（The Fixation of Belief, 1877）と「観念を明晰にする方法」という二つの論文においてであった。[2] 前者は「探究の理論」、後者は「意味の理論」をそれぞれ主題としている。まず、「探究」（inquiry）とは、「疑念」（doubt）から「信念」（belief）にいたる思考過程（努力）のことであり、その唯一の目的は信念を確定することにある。疑念は、信念へ到達しようとする不満足な状態であり、探究を生じさせる刺激であり直接的な動機でもある。それに対して、信念の形成とは、疑念という興奮状態を静め、私たちにある一定の「習慣」(habit)が成立することでもある。習慣は、私たちに定着した行動のための規則である。この習慣あるいは行動の規則は、後のデューイやモリスの記号論に継承されていく概念であり、プラグマティズムの記号学(論)の根幹をなすものである。

探究の方法

さて、信念が確定されるための具体的な方法にはいかなるものがあるのか。パースはそれを四つの主要な方法に分類している。(1)固執の方法(method of tenacity)、(2)権威の方法(method of authority)、(3)先天的方法(a priori method)、(4)科学の方法(method of science)である。

これら四つの方法の特徴は、信念が確定されるための以下のような基準に基づいている。つまり、「固執の方法」は自己の主観的願望にかなうか否かによっており、「権威の方法」は特定の共同体(社会)における権威を基準とし、「先天的方法」は人間に共通に備わっていると見なされる「理性」にかなうか否かを基準とする。これらに対して、パースは最終的に「科学の方法」を提示する。

科学の方法は、ある共同体において事実に一致するか否かを基準として、すべての人が究極的な意見の一致に到達しうる方法である。パースの基本的主張は、科学の方法こそが究極の実在(真理)

に到達しうる、という実在論的立場に基づいている。この科学の方法が記号過程に設定されるのである。パースの科学の方法の狙いは、デカルト（R. Descartes, 1596－1650）以来の近代哲学の方法、すなわち、理性的直観による明晰判明な認識を基準として知識を求める先天的方法、それの批判超克にあった。

プラグマティズムの格率

ところで、探究の目的は信念の確定であり、これを実現するための方法、つまり観念を明晰にする方法をパースは提示した。私たちの思考を明晰にするには、その思考がいかなる習慣（行動の規則）を生み出すのか、ということを明確に把握すればよい。こうしてパースは「プラグマティズムの格率」（pragmatic maxim）を以下のように定式化した。この格率は、私たちの概念を明晰にして、科学的方法の探究を推し進めるためのものである。

「われわれの概念の対象が、実際的なかかわりがあると思われるどのような結果を及ぼすとわれわれが考えるか、ということを考察せよ。そのとき、このような結果についてのわれわれの概念がその対象についてのわれわれの概念のすべてである(3)」。

"Consider what effects, that might conceivably have practical bearings, we conceive the object of our conception to have. Then, our conception of these effects is the whole of our conception of the object."

つまり、私たちの概念は、行為と関係づけられることによって初めてその有意味性を持つことができる。言い換えると、この格率は、認識する対象が私たちの行為と実際に関係するとみなされる場合には、その行為の結果としてどのような効果（結果）をもつことになるかを考えよ、ということである。例えば、「このダイヤモンドは硬い」という認識の意味は「もしこのダイヤモンドが他の事物で擦られるならば、これは傷つくことがないであろう」という条件法的な形（if-then）に把握される。したがって、有意味性の基準は「傷つくことがない（硬い）」という実際的効果（結果）なのであり、このような意味がプラグマティックな意味である。(4) なおジェイムズは、この実際的効果（結果）について、個人が感得する主観的経験を認めている。

3　記号学小史

二つの伝統

プラグマティズムの創始者パースは、ソシュール（F. de Saussure, 1857－1913）と並んで、現代記号学の創始者でもある。現代記号学は、概観すると、言語学の伝統と哲学の伝統に分けられる。

言語学から生じた記号学の流れはソシュールを源泉とする。彼は、『一般言語学講義』（Course de Linguistique générale, 1916）において、言語学に立脚して未来に発展すると期待される新しい「記号学」をギリシア語の σημειον, sēmeion（記号）をもとに sémiologie, semiology と命名した。この流れは、フランスにおいて、ビュイサンス（E. Buyssens）、プリエート（L. J. Prieto, 1926－　）、レヴィ＝ストロース（C. Levi-Strauss, 1908－　）、ムーナン（G. Mounin, 1910－97）、バルト（R. Barthes, 1915－80）、デリダ（J. Derrida, 1930－　）、クリステヴァ（J. Kristeva, 1941－　）等によって展開されている。概略すると、彼らの記号学は、文化としての社会制度、文学、映画、建築、広告等の現象を、言語構造をモデルにして捉えていこうとする。その意味で、彼らの記号学は言語学以後の記号学と特徴づけられて、文化記号論の様相を呈している。

一方、哲学の伝統における記号学は、古代ギリシアの哲学や医学にまで遡ることができる。この流れは、パースが、ギリシア語のσημειωτική, sēmeiōtikēを記号学と解釈したロック（J. Locke, 1632－1702）に従って、semioticと名づけたものである。（本書もこの流れに沿うものである。）

ヒポクラテスの徴候学

ここでモリスの記号学に関する以下の説明を手掛りにして、記号学小史を描くことにしたい。

「semioticという語は、古くギリシアの医学の伝統にまで遡る。そこでは、記号学は記号による診断と予後を含むものとして、医学の三つの部門の一つと考えられていた。ストア学派では、記号学に自然学（physics）と倫理学と並ぶ哲学の基本的区分の権威を付与し、記号学の中に論理学と認識論（theory of knowledge）を含めている(5)」。

semioticは、ギリシアの医学において病気の診断と予後（病気の経過の見通し）を指示する語sēmeiōtikēにその語源がある。ギリシアの医聖ヒポクラテス（Hippocrates, B.C. 460頃－375頃）の著作『前兆』（Prognostic）には、記号としての「徴候」（symptom）により病気は診断されうる、と説明されている。ヒポクラテスは、例えば、徴候として身体に現れた出た病的現象（発熱、下痢、痛み、倦怠感など）を過去、現在、未来の病状を知るための記号（徴候）とみなしている。医者はこの記号を解釈しその病気を診断し、その病気の経過の予見をもつ者である。このように医学的に診断・予測する術が「徴候学」（sēmeiōtikē）と呼ばれていた。

ストア学派の論理学

ストア学派は、伝統的にロゴスや言葉を重視した。この学派は「万物は流転する」（パンタ・レイ）で知られるヘラクレイトス（Herakleitos, B.C. 544−483頃）のロゴス観を根幹とする。万物は生成変化する（無常である）ものの、世界を大きく捉えるとそこにはロゴス（理法）の秩序がある、と彼はいう。ヘラクレイトスは「言葉について」という彼の箴言風の断片で、ある事象が認識され言明されるとき、その言明を可能にするロゴス、言語の事象としてのエポス（叙事）、その叙事が関わっている経験的出来事としてのエルゴン（所産）、以上の三つが関わると見ている。ロゴスは、エポスを生み、エポスはまた自らエルゴンを表示する、と捉える。ヘラクレイトスは、記号は、ロゴス、エポス、エルゴンという三要素の関係において成立することを示唆している。

ストア学派の哲学（学問）の分類によると、論理学（記号学）は、自然学、倫理学とともに並立して哲学に含まれる。ストア学派では言語についての考察がさかんであった。ストアの代表者たちは、いずれもギリシア以外の出身であり、ギリシア語の特性、さらには言語の普遍性の考究に努めたからである。とくに、単なる記号としての言葉（語）と、言葉が意味するもの（概念）と、言葉が指し示す対象とを区別したことは注目される。論理学にとっては、言葉の意味（sema）が大事であり、言葉は有意味な記号（sēmeion）であった。したがって、記号学は広義の論理学と把握されて、その論理学（記号学）には修辞学と弁証法が含まれる。これを図に表すと以下のとおりである。

哲学
- 論理学（記号学）（ロギコン）
  - 修辞学（レートリケー）
  - 弁証法（ディアレクティケー）
- 自然学（ピュシコン）
- 倫理学（エティコン）

アリストテレスの記号と象徴

プラトン（Platon, B.C. 427－347）は、『クラテュロス』（Cratylus）『ソフィスト』（Sophista）のなかで記号について触れている。記号（sēmeion）、記号の意味（semainomenon）、対象（pragma）、これら三つがいかなる関係にあるのか、これがプラトンの記号論的な関心であった。

さて、アリストテレス（Aristoteles, B.C. 384－322）は、「オルガノン」（Organon）と呼ばれる彼の論理学の諸著作の中で、とくに「解釈論（命題論）」（De interpretatione）において記号の考察を行った。ギリシアの哲学者は記号（sēmeion）を解釈者の周囲に生じる自然現象と見ていた。医学に通じていたアリストテレスも初期においては「病気の記号としての熱」というように、記号を身体に自然に生じたものと見ていた。記号は自然現象であった。したがって、口頭の発話や書かれた碑文等は記号とは見なされなかった。またアリストテレスは、人間のコミュニケーションにおける発話や命題を「象徴」(symbola)と呼んでいる。つまり、アリストテレスには、自然現象としての記号(sēmeion)とコミュニケーションにおける発話としての象徴(symbola)との対比が見られる。彼によると、音声表現は心の印象の象徴(symbola)であり、また文字表現はその音声表現の象徴である。アリストテレスにとって「象徴」は、「音声・文字表現」と「印象」そして「事物」から成り立つものと考えられている。こうして、記号論は、あくまでも自然に生じたものに関する研究として理解されており、象徴・言語に関する研究とは別の領域であった。このような記号と象徴との対比的な分立は四世紀のアウグスティヌスの登場まで続いた。

アウグスティヌス:自然記号から人為記号への転回

初代キリスト教教父アウグスティヌス(A. Augustinus, 354–430)は、彼の著作『教師論』(De Magistro, 389)、『告白』(Confessiones, 400)等において記号や言語について論じており、記号概念の画期的な変更を行った。アウグスティヌスは、記号(signum)を、言語のみならず、身振り、表情、眼差し、音声等に認めて、およそあらゆる種類の記号を考察の対象とした。つまり一般記号論を試みたわけである。

古代ギリシア哲学において、先述したように、記号(sēmeion)は自然の事物や現象を示していた。しかし、キリスト教成立後になると事態は変わる。聖書は「神的書物」(holy scripture)であり神の意図を表すところの記号となる故に、聖書解釈が重視されて、「解釈学」が新たに成立してくることになる。アウグスティヌスは『キリスト教教理』(De Doctrina Christiana Libri Quattuor, 388–395)のなかで、「自然(物)としての記号」と「言葉としての記号」という二種類の記号について考究している。例えば、旧約聖書の創世記(二八章)における石は自然物としての記号である。ヤコブは旅先で野宿したとき、ある石を枕として寝た。ところが彼は、夢の中の神のお告げで、この石は実は「天国へ至る登り口」を表している、ということを知る。この場合、自然物である石は天国へ至る登り口を指し示す象徴的機能をもつものとなる。つまり、ここでアウグスティヌスは自然物もまた言葉のように象徴化しえることを主張した。アウグスティヌスは、ギリシアにおける記号(自然現象)と象徴との分立を解消したのである。

アウグスティヌス以降、キリスト教教理を考究した哲学者たちは、自然記号の理論から人為記号の理論(言語の理論)への転換に関ったといえよう。神の言葉である聖書は、容易に理解しうるものではなかった。アウグスティヌスは、『キリスト教教理』を著すことにより、宗教的文書である聖書を解釈するための方法を確立した。中世キリスト教文化は、記号学史において、古代ギリシアで一般的であった自然記号の理論を人為記号の理論(言語の理論)へと転回せしめることになった。(6)

さらに、アウグスティヌスは、言語（人為記号）の機能を明瞭に把握した。つまり、個人それぞれの心のなかに生まれる言葉としての「私的言語」と世の中において規約的な記号としての「公的言語」とを区別したのである。私的で心的な言語は個人それぞれにあるが、公共的な言語は特定言語としてあり、それは諸個人間のコミュニケーションのために使用される。アウグスティヌスの私的言語と公的言語の区別は、普遍論争と関連しながら、中世末期の唯名論者オッカム（W. Ockham, 1285頃－1347/9）が登場するまで維持されている。

ロックの記号論

近代において、第一義的に記号とみなされたものは、事物を理解するための、また知識を伝達するための言語であった。ロックは『人間知性論』（An Essay Concerning Human Understanding, 1690）で、この言語記号について以下のように述べている。

「第三に、第三の部門はセーメイオーティケー（σημειωτική）、すなわち記号の理論（doctrine of signs）と呼べるだろう。記号の最も通常なものはことばであるから、ロギケー（λογική）つまり論理学（logic）と名づけるのも十分妥当である。その課題は、精神が自らに対し事物を理解させるべく、また他者に自らの知を伝えるべく、精神が用いる記号の性質を研究するところにある[7]」。

ロックは、ストア学派にならって、哲学（学問）を、（1）自然学（自然哲学）、（2）実践学（倫理学）、（3）記号学（論理学）に分類している。彼は、「記号学」と「論理学」を同義語として用いているが、彼のいう「論理学」は言語を含意して、今日の論理学よりもかなり広義に把捉されている。後に、パースはこのロックの用語法を踏襲して、自らの記号学の構想にsemioticと命名したのである。

ロックの「記号の理論」は、言語の濫用や誤用が意思の伝達や学問の発展を阻害するという理由から、正しい言語使用の方法を明示することにその目的があった。たとえば、『人間知性論』の第三巻の「言葉について」の冒頭で次のように述べている。(8) 言語は人間の諸観念を伝達する道具として、一般的記号に他ならず、言葉（言語）の使用は、われわれの内面的な観念を外面化する記号として役立つべきものである。このように、言語は観念を抽象化した記号であり、この抽象能力は人間にのみ可能である、とロックはみなした。さらに、彼は、言語は一般的記号として、感覚可能な観念に由来するものであるとして、言語の基本的な意味を感覚的経験に見出した。そして観念や思想の相互伝達の道具である言語は、コミュニケーションのために必要な感覚可能な記号であると把握された。

4　パースの記号学の登場

一九世紀後半になると、さまざまな哲学者たちが広く言語や記号について理解し議論し始めた。その中から、パースとソシュールが現代記号学の創始者として独自の記号学を提示して歴史に登場してくる。パースは、ストア学派に始まりロックに至る哲学的伝統を踏まえ、はじめて記号学を体系的に構想した。一方、ソシュールは、言語学を出発点として、記号(signe)を記号表現(signifiant)と記号内容(signifié)の統一体と捉えて、言語と他の記号体系(文字、手話、象徴的な儀式、礼儀作法、軍隊の信号)との比較分析の必要性を主張した。

既述のとおり、パースは論文「人間にそなわっていると主張される諸能力に関する問い」と「四能力否定の帰結」において、私たちの思考や認識が本質的に記号過程であることを明白に主張した。さらに彼は、「概念を明晰にする方法」(一八七四)においてプラグマティズムの定式化を試みた後、上述の論文の延長線上に彼独自の記号学を構築した。

パースは、ロックの学問の分類、つまり記号学は広義の意味での論理学であるという定義に着目した。これに立脚して、パースは記号学を「記号に関する準‐必然的(quasi-necessary)、あるいは形式的な学説」と称し、他の実証科学と同じように観察科学であるとともに、また論理的規範科学でもあると把握している。(9) 準‐必然的にして形式的とは、私たちが、経験を通してカテゴリーに従い把握するところの記号学である、ということである。

まとめ

プラグマティズムと記号学は、以上のようにパースと密接に関わっている。記号は当初、ヒポクラテスの医学において徴候を意味するものであった。アリストテレスの論理学においては記号は自然的なものであった。一方、哲学のロゴス（理法）の伝統が古代ギリシアのヘラクレイトスからストア学派へと引き継がれた。つまり、古代ギリシアの記号論には自然としての記号と言語としての記号、という並立する二つの見方があった。中世において、アウグスティヌスをはじめとするキリスト教教理学者により、記号論は自然記号の理論から人為記号の理論へと転回した。つまり、人為記号すなわち言語が記号概念に重きをなすようになった。その後、近代に入ると、ロックはストア学派の論理学を模範として、記号学を広義の意味の論理学と把握した。現代において、パースは、ロックの学問の分類に依拠して記号学を構築した。こうして、パースによって創始されたプラグマティズムそして記号学は、その後、デューイ、ミード、モリスへと引き継がれ、現在も多様な発展を見せている。すなわち、動物記号論、生命記号論、普遍的語用論等である。

第二章　パースの記号学——知識進化の記号学

パース（C. S. Peirce, 1838–1914）の記号学の主題は、記号過程を記号（sign）、対象（object）、解釈項（interpretant）の三つの項に分け、そこに成立する還元不可能な三項関係（triadic relation）を分析することにある。この主題はまた、デューイ、ミード、モリスにも引き継がれており、とりわけモリスの行動的記号学の基本前提となっている。パースの記号学の独創性は、彼独自のカテゴリーを記号過程の三つの項（記号、対象、解釈項）に関連させて、記号の多様性を解明し、記号が担う知識進化の過程を明らかにした点にある。

1　新カテゴリー表

カントとの関わり

パースの記号学は、原理的に彼の初期の論文に萌芽的に含まれており、これらの論文は思考や認識を記号過程とみなす立場から書かれている。まず、彼の初期の論文「新カテゴリー表」(On a New List of Categories, 1867) に着目して、思考や認識がいかなる記号過程にあるのかを見ていこう。

パースは、「新カテゴリー表」において、判断を論理的に分析することから、人間の認識が本質的に記号的にして推論的であることを主張する。カテゴリーとは私たちの経験的認識(判断)の成立を可能にしてくれる範疇であり、判断する誰もがもつものである。カント (I. Kant, 1724－1804) は、「内容なき思考は空虚であり、概念なき直観は盲目である」[1]として、感性と悟性との共働による認識の成立を主張した。パースは、彼の「新カテゴリー表」において、カントのカテゴリー論を以下のように把握した。

「概念の機能は、感覚的印象の多様を統一へともたらすことであり、ある概念の妥当性とは、その概念の導入なしには意識内容を統一することが不可能であるということのうちにある[2]」。

カントは、彼の著作『純粋理性批判』(Kritik der reinen Vernunft, 1781) において、私たちの経験的認識は命題の形をとる判断であると捉えた。彼は、伝統的形式論理学の創始者アリストテレスの判断表を基に、命題の論理学的分析からカテゴリー表を導出した。しかし、パースは、経験的認識を命題の形で捉えるという点ではカントの考えに従うが、経験的認識を可能にするカテゴリーは命題の一般的形式「主語—繫辞—述語」という三つの項の関係から導出されると主張した。

五つのカテゴリー

パースのいうカテゴリーとは、端的に、「存在」(being)、「質」(quality)、「関係」(relation)、「表象」(representation)、「実体」(substance) の五つのカテゴリーである（なお、質、関係、表象は、後にパースが現象学研究において提示する、第一次性、第二次性、第三次性という現象のカテゴリーの素地となる）。

まずは、新しい五つのカテゴリーを見ていこう。「実体」は元来、感覚的印象の多様そのものであり、私たちの注意の対象として「現前するもの一般」(the present in general) であるが、私たちはある命題をつくる（判断する）ことにより実体を統一する。たとえば "This stove is black."（このストーブは黒い）という命題を取りあげよう。この場合、「実体」は命題の主語 (this stove) で

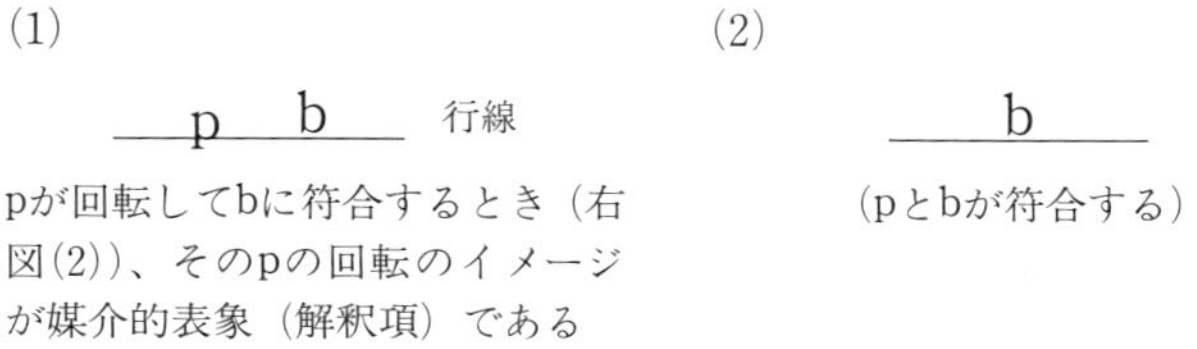

図1

ある。「存在」は繋辞（is）であり、これが命題における主語と述語の結合により実体の感覚的多様を統一へともたらしている。「質」は命題の述語（black）に対応しており、「存在から実体への移行において、順序として最初に必要とされる概念である[3]」。

つまり、"This stove" は特定の実体を指示して、"is" は存在を、"black" は質を表わす。命題とは、ある質がある実体に結びつくことを示している。そこで、質（black）が実体（this stove）に結びつくためには、質は、実体（this stove）と区別され、「それ自体において、すなわち、ある対象に適用されたものとしてではなく、ただ一つの質、blacknessを具現（embodying）しているものとして考察されなければならない[4]」。ここにいう "blackness" のストーブへの適用は仮説的（hypothetical）である。なぜならば、あらゆる命題は、可謬性を免れ得ないからである。このように、対象（stove）にたいする、質（blackness）の適用は、一つの独立した抽象（blackness）の具現を対象に結びつけることである。パースは、この独立した抽象を「根底」（ground）と呼び、結局、質を「根底への言及」（reference to a ground）という。

ところで、いかにして質の認識がなされるのであろうか。パースは、以下のように答えている。「対照（contrast）そして一致（agreement）において、ある事物はある相関項（correlate）との関わりを得る。…根底への言及（質）という概念を導入する機会は、相関項への言及（reference to a correlate）である」(5)。ここで相関項とは、言及する対象（stove：関係項）とは別の対象である。すなわち、私たちはある質を他の質との対照または一致により認識する。これが次の「関係」というカテゴリーとなる。こうして、パースは相関項への言及は明らかに「比較」（comparison）によってなされると述べている。

比較は「表象」のカテゴリーと密接に関わっている。そこで、比較についてのパースの見解を確認しよう。

「いま、ｐとｂとを比較することを想定しよう。どちらか一方を行線を軸として回転させ、他方の字の上に重ねる。結局、一方の字が他方の字の上にぴたりと符合すると、一方を通し他方が見える様に上の字が透けると考える。ここで、我々は二つの文字のイメージ、それらの間を媒介する新しいイメージを創る」(6)。

ここではｐからｂへとして図式化してみよう（前ページ図1参照）（ｂからｐへも可能である）。この例から分かるように、比較は「媒介的表象」（immediating representation）に依存し、この媒介的表象はあたかも通訳の役割を果たすゆえに、パースはそれを「解釈項」（interpretant）と名づけている。

結局、「表象」のカテゴリーとはこの媒介的表象のことであり、「解釈項への言及」（reference to an interpretant）ということになる。この「表象」のカテゴリーにより、私たちは一つの文字（p）をもう一つの文字（b）の記号として解釈することができる。媒介的表象は比較をする際、表象の三項関係（p、b、解釈項）を可能にする。ここに命題の成立を認めることができる。

以上のような「新カテゴリー表」に立脚して、パースは伝統的認識論の批判を試みるのである。

2　デカルト主義批判

四つの能力の否定

パースの認識論は、伝統的認識論に対してどのような位置を占めるのであろうか。パースは、彼の論文「人間にそなわっていると主張される諸能力に関する問い」（一八六八）と「四つの能力の否定の帰結」（一八六八）において、この点を明らかにしている。これらの論文は、「我思う、ゆえに我あり」として表明されたデカルトの近代的自我を否定する。自我の理性的直観をもって哲学の第一原理とする立場を否定し、さらに理性が明晰かつ判明に認識するものは真理であるという第二原理も否定する。すなわち徹底してデカルトの直観主義を批判するのである。まず、前者の論文において、パースは伝統的哲学者たちが人間に備わっていると認める直観能力について吟味し、その存在を否定する。また後者の論文においては、デカルト主義が認める四つの能力、それを直観主義として、以下のように否定する。(7)

（1）私たちは内観（introspection）の能力をもたない。内的世界に関するあらゆる知識は、外的事実からの推論により仮説的に導かれる。

（2）私たちは直観（intuition）の能力をもたない。すべての認識は、以前の認識により論理的に限定される。

（3）私たちは記号なしに考える能力をもたない。

（4）私たちは絶対に認識不可能なもの（incognizable）の概念をもたない。

内観・直観の否定

以上の四点に関するパースの論拠を見ていこう。

（1）パースは、まずデカルト主義者の内観について以下のように批判する。「内観において、私は、内的世界の直観的知覚を意味する」(8)。この直観的知覚をパースは否定し、推論を強調する。「赤さ」

（redness）の感覚は、ある外的事実（例えばトマト）の述語である「赤い」からの推論によって得られる故、ある感覚はある外的対象について述語的に規定することから把握される。したがって、内的状態に関する知識もまた、デカルトが認めたような内観という直接的知覚によらず、むしろ外的事実の知識から推論によって導かれる。

（2）パースは、まずデカルト主義者の直観について以下のように批判する。「直観とは、同じ対象に関する以前の認識に限定されない認識を意味する」[9]ものであり、推論を経ることのない直接的瞬間的認識である。パースは、この直観の存在を直接には問うことをしない。むしろ、与えられた認識が直観であるかどうかを私たちは直観的に知ることができるか、ということを問題にする。もし、直観的認識が存在するならば、それは直観以外の認識とは明晰判明に区別されなければならない。デカルト主義は知識の確実性を推論にではなく、直観的明証性に求めているからである。したがって、この区別自体も直観的能力に依存しなければならなくなる。しかし、パースは、「我々がこの能力（直観）をもっているということの証拠は、我々にはこういう（直観的）能力があるように感じるということのみである」[10]と主張する。デカルト主義の直観的明証性は単なる主観的、心理的な「感じ」にすぎず、直観的認識の存在は直観によって判定することはできない。それゆえに、直観的認識の存在は推論によって証明されなければならない。

そこで、伝統的に直観的認識の最も典型的なものとされてきた「自己意識」（self-consciousness）

について考えてみよう。「自己意識とは、我々自身(ourselves)についての知識を意味している。単なる意識の主観的条件ではなく、我々の個人的自我(personal selves)の感情である[11]」。問題は、私たちが自己(自我)をいかにして知るのか、ということになる。パースによると、幼児ははじめ自己意識をもってはいないが、成長とともにその子どもは無知や誤謬を知るようになる。そこで、この無知や誤謬が生じるところの自我を想定せざるを得なくなる。つまり、子どもは無知や誤謬の経験において自己の存在を推論するようになる。したがって、私たちは直観的な自己意識の存在をデカルトのように設定する必要はないことになる。

思考記号

(3)私たちの思考は、「記号のうちにある思考」(thought in sign)である。しかも上述の(1)が示すように、内的な世界に関する知識は外的事実からの推論によって認識される。「それ故に、認識されうる唯一の思考は記号のうちにある思考である[12]」。さらに、「すべての思考は他の思考に語りかけねばならず、他の思考を限定しなければならない、ということが記号の本質である[13]」。したがって、思考は他の思考の中で解釈されなければならないということが帰結する。こうしてパースは、思考を連続的な系列において捉え、このような思考の働きをまさに記号過程そのものと見なしている。

(4)「絶対に認識不可能なもの」は経験の中に生ずることはできない。つまり、「絶対に認識不可能なもの」については、いかなる概念も得ることはできない。ところで、言葉が意味をもつためには、私たちは概念をもたなければならない。したがって、概念化しえない「絶対に認識不可能なもの」は無意味なものとなる。とはいえ、「認識のかなたには、未知ではあるが可知的な実在（an unknown but knowable reality）がある」[14]。たとえ現在、不可解・未知なものがあっても、やがてそれは知識の進化発展とともに認識されるようになる。

以上のようにパースは、四能力を否定することにより、推論を根拠として、デカルトの直観主義を退けるのである。

3　セミオーシスと科学的探究

三項関係

パースの記号論は、とくに「科学的探究」（scientific inquiry）と密接に結びついている。科学的探究とは、実在の真なる表象を「科学的知性の共同体」において創り出す過程である。

パースは「実在」について次のように述べている。私たちが実在的なものの概念を初めてもつのは、非実在的なもの、虚妄を発見したときであり、私たちが自らの誤謬を訂正したときである。「実在とは、情報や推論が遅かれ早かれ最終的にそれに帰着し、私やあなたの気まぐれから独立したものである」[15]。したがって、実在という概念には、知識を明確に増大させることを可能にさせる「共同体」（community）という概念が含まれており、実在は、この共同体の究極の決定に依存するものである。

パースはセミオーシス（記号過程）について以下のように述べている。

「記号（sign）ないし表意体（representamen）とは、その対象（object）と呼ばれる第二のものと、その解釈項（interpretant）と呼ばれる第三のものとを規定することができるように、真正な三項的（triadic）関係にある、第一のものである」[16]。

「その真正な形式で、第三次性（thirdness）は、記号、その対象、そして解釈する思考（interpreting thought）の間に現存する三項的関係である、また、それ自身、記号である解釈する思考は、記号たる様態をつくるものとして考えられる。記号は解釈項である記号とその対象の間を媒介する」[17]。

以上のように、セミオーシスとは、記号それ自体、記号の対象、その解釈項における三項関係である。

図2を見てみよう。例えば、ある人が森の中で「はがされた皮」の樹を見て、近くに鹿がいると

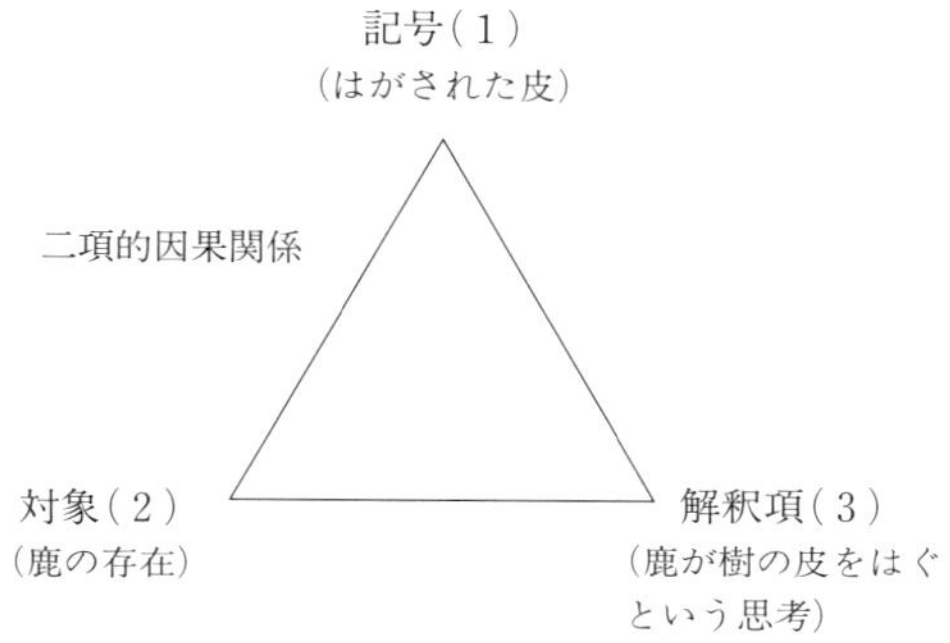

図２　記号過程

思ったとしよう。この場合、「はがされた皮」が記号、「鹿の存在」が対象、そして「鹿が樹の皮をはぐという思考」が解釈項となる。ここで、以下の二つの命題に着目する必要がある。(18)

Ｉ　鹿は樹に「はがされた皮」をつくる。

II　「はがされた皮」は鹿の存在の記号である。

Ｉの場合、「鹿」と「はがされた皮」との間の関係は、あくまでも二項的（dyadic）因果関係の事実の記述である。IIの場合、「はがされた皮」（記号）は私たちにある解釈項を生じさせる能力を有しており、そこにおいては、Ｉの事実はIIの説明の部分として役立っている。

さて、もしＩが示すような鹿の習性についての信念が修正されるならば、IIの記号過程は成立しえない。したがって、記号解釈は記号－対象間の関係についての意識的反省、信念に依存している。しかし、同時にこのことは、記号の誤解釈の可能性を内含する。したがって、記号過程においては、より妥当な解釈と根拠のないそれとが区別され、様々な解釈項が形成されて、やがては記号の正しい解釈に到達することになる。このようにして、記号は、実在と私たちの認識との間を媒介することによって、科学的探究を可能にしてくれのである。

科学的探究

さて、パースは、科学的探究を言語行為として捉えるのであるが、その際「主張行為」(assertion)について以下のように分析する。主張行為とは「命題を解釈者に対して発話する行為であり、その本質は第一に、命題を発話することにおいて、解釈者の心にその命題にたいする信念を定着させる力を慎重に遂行することにある」[19]。注目すべき点は、この主張という行為が「命題記号」(dicisign)を用いてなされる、ということである。そこで、この命題記号およびその解釈の発展について述べてみよう。いま、次のような命題記号を挙げてみる。

「トゥリーは鼻の先にほくろがある」

パースの分析によると、この命題記号は以下のように考えられる。主部「トゥリー」という指標記号(index)(パースによると記号が対象を直接に指示するので指標記号となる)により指示される対象(人間トゥリー)は、述部「鼻の先にほくろがある」により類似的に(性質を共有して)表意される一次性(質)へと結びつけられる。それ故、全体としてこの命題記号は、「トゥリー」と「鼻の先にほくろがある」(性質)とが結ばれて対象を(指標的に)表わすことができる。

次に、命題記号の解釈の発展である。もし、記号の対象について知識が付け加えられるならば、このことは解釈する思考のうちに反映され、私たちは対象についてより十分な知識の獲得に到達しえる。このように発展した解釈は、初めの命題記号よりも、対象について多くのことを認識させてくれる。私たちは、まず、記号そのものにより喚起される解釈する思考である「直接的解釈項」(immediate interpretant)により「トゥリーは鼻の先にほくろがある」の意味を文字どおり理解する。ところが、この命題記号は歴史的に雄弁家として著名なキケロの指標記号である部分を含むものとして解釈することが可能である。このように解釈者がローマ史についての知識を利用することにより、さらなる解釈がなされるならば、直接的解釈項を越え幾度ともなく実際に生まれる「力動的解釈項」(dynamical interpretant)を得ることになる[20]。

さて、もし科学的探究を通して解釈項を豊富にする過程が無限に続きうるならば、究極的にたどりつくであろう解釈項が「最終的解釈項」(final interpretant)といえる。最終的解釈項はそこにおいて記号の対象の完全な真なる概念と一致する。以上の命題記号の連続的解釈を通して科学的探究は科学的知性の共同体における主張行為の最終的解釈項へと収斂していく。

そこで、パースのいう二つの対象、直接的対象と力動的対象について考察していこう。まず「直接的対象」(immediate object)とは、記号自身が表意するとおりの対象で、「その存在が記号による表意作用に依存するような対象[21]」である。それに対して、「力動的対象」(dynamical object)と

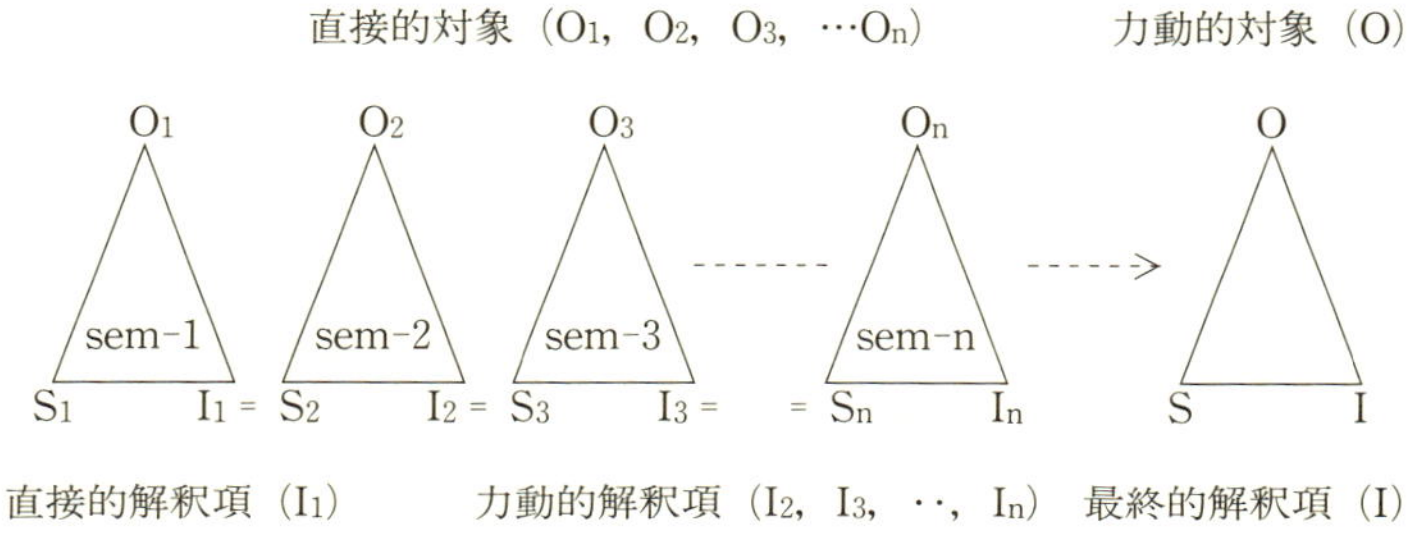

図3　科学的探究の発展

は、「なんらかの手段でどうにかして記号を規定して自分を表意させるようにしている実在」[22]のことである。つまり、記号が初めに解釈されて（直接的解釈項）、その後、幾度となく再解釈される（力動的解釈項）その時々に生じるものが直接的対象（O_1、O_2、O_3、…O_n）である。探究が進み最終的解釈項をもつ際に得られるものが力動的対象（O）である。以上の科学的探究の発展を図に表すと、上の図のようになる（図3参照）。

無限の記号過程

まず、私たちに成立する最初の記号過程（sem-1）における記号・対象・解釈項をそれぞれS_1・O_1・I_1と表す。次に、I_1自身が記号S_2となり、S_2・O_2・I_2を要素とする第二の記号過程（sem-2）が成立する。このようにして、科学的探究における連続的解釈過程は最終的解釈項の内で生じる力動的対象を発見するように導かれる。この場合、I_1は直接的解釈項、I_2、I_3、‥、I_nは力動的解釈項、そしてIは最終的解釈項となる。また、O_1、O_2、O_3、‥、O_nは直接的対象であり、Oは力動的対象となる。この力動的対象とは、記号過程を生じさせながら科学的探究を導いていくところの、別言すると解釈を統制するところの源泉であり、一連の探究行為に伴って生じるところの実在である。[23]

ところで、現代の記号学者エーコ（U. Eco, 1932–　）は、上述したパースの「無限の記号過程」（unlimited semiosis）という側面を積極的に評価して、エーコ自身の記号学に取り込んでいる。彼の著書『記号論』において、エーコはソシュールの記号学とパースの記号学を統合的に把握している。[24]ソシュールの立場では、記号は伝達を意図された人為的なものに限定されがちであったのに対し、エーコは、人為的でない自然現象も記号と見なしうるパースの立場から記号概念を補完した。さらにエーコは、パースの解釈項の理論を高く評価して、コードに含まれる規則を超えて、任意の記号を説明し、展開し、解釈するものであると見なす。したがって、解釈項は、コードの理論だけではなく、記号生産の理論へとつなげる要因となりうる、ということになる。[25]

付帯的経験

科学的探究を可能にする諸々の解釈項の生成、発展とはいかなるものであろうか。そこで、パースの言う「付帯的経験」（collateral experience）に言及し、セミオーシスの発展について述べよう。先に鹿やキケロの例に示したように、記号解釈が記号–対象間の意識的反省、信念に依存し、また、命題解釈は付加的知識の増大により発展することをみてきた。そこでは、一連の解釈項の形成を通じてセミオーシスは最終的解釈項へと向かっていく。この場合、成立する各々のセミオーシスにおいて対象が想定されるためには、付帯的経験が必要であることをパースは指摘している。この付帯的経験とは、元来、記号作用とは全く独立しており、解釈項の部分ではなく、その外にあるものである。つまり、それは記号の対象理解に必要な記号に関わる以前の経験、と考えられる。[26]

たとえば、「銃を置け！」(Ground arms！) という記号の対象は、「兵隊の銃を置く行為」あるいは「マスケット銃の台尻を地面に置いてもらいたい」という士官の意思と考えられる。ところが、その兵隊（聞き手）が英語を理解せず、訓練されておらず、そして、士官（話し手）と兵隊の階級との関係が分らないならば、兵隊はこのような記号の対象を得ることはできない。この場合、「英語の理解」「兵隊の訓練」「階級に関する知識」はすべて、記号作用から独立する付帯的経験と見なすことができる。それ故、付帯的経験とは、記号と対象がひとまとめにされ、「無効な関係が有効なそれへともたらされる[27]」ときに、必要とされる解釈項を形成するためのバックグラウンドをつくる要素である。

いま、ここに化石が発見されたとしよう。園芸家はそれをただの石と見なし、古生物学者はそれを恐竜の骨と見る。この場合、園芸家がただの石と見なしたものが骨であると認知されるためには、「より発展した解釈項」が必要とされる。それは、その骨が生きていた昔に関係する恐竜へと正確に対応するような解釈項であり、古生物学者の知的訓練を通して公共的に形成されるようなものである。さて、この認識に必要な解釈項は、実際、園芸家には存在していなかったと考えられる。[28] つまり、発見された「あるもの」が「恐竜の骨」の記号であるというセミオーシスを成立させる状況に「ある条件」が欠落していたのである。ところが、古生物学者という洪積世についての専門家たちには、この解釈項は共通に所有されている。つまり、古生物学者の洪積世についての知識という、新たに付加される体系的な付帯的経験が取込まれて、解釈項の生成に影響を与える。その結果、諸々のセミオーシスにおいて直接的対象に変化が生じ、「あるもの」が、園芸家にとっては「ただの石」(直接的対象)を、他方、古生物学者にとっては「恐竜の骨」を表わす記号として解釈することができる。

4　知識と記号

非還元主義

カントは『純粋理性批判』において、「客観が主観を触発する(affizieren)[29]」ことにより、私たちの認識が始まると述べている。すなわち、客観的対象と主観的自我という二つが直接交渉する結果として認識が成立する。ところで、この触発・交渉とはいったいいかなる作用であろうか。そこでパースの「非還元主義」に触れなければならない。

「事物について精神的（psychical）と物理的（physical）側面とを、絶対的に異なる二つの側面として考えることは間違いだろう。ものを外から見て、他のものとの作用や反作用の関係を考慮するとき、それは物質として現れる。内側から眺め、情態（feeling）の直接的性質を見ると、ものは意識として生じる[30]」。

「物理的」と「精神的」は同じ一つのものの二側面であり、世界は、物理主義（唯物論）や精神主義（観念論）のように、どちらか一方に還元されるものではなく、世界はそれら両面でみなぎっているのである[31]。このような「非還元主義」の根拠は、セミオーシスが三項関係（記号・対象・解釈項）にあることによる。

意識と無意識

ところで、心とは意識的過程だけではなく、いわゆる「無意識」「隠された泉」と呼ばれるものをも含んでいる。「意識」（consciousness）という語は、「自己意識」（self-consciousness）と「無意識」（unconsciousness）〔パースは文脈に応じて無自己意識（un-self-consciousness）ともいう〕という二つの意味に使用される。[32] この場合、日常言語において、私たちが何かを意識すると言うときのこの意識の用法は、私たちが何かについて意識する自己意識を持つということである。それに対して、「無意識」とはこのような自己意識とは異なる、純粋に情態（feeling）としての意識である。

三項的な記号過程の概念は、自己意識的心（self-conscious mind）だけではなく、さらに「準‐心」（quasi-minds）を含む精神的現象すべてを支配する。つまり、無意識における表象項からなる、いまだ認識に至らない「準‐記号過程」（quasi-sign semiosis）と、自己意識および自己制御により認識へともたらされる「記号過程」（sign semiosis）とが区別される。

知識の区分

つぎに、認識における記号の機能、さらに知識の発展について述べていこう。

「記号の基本的機能は、無効な関係を有効なものにすること——それらを作用させるのではなく、必要に応じてそれらが働く習慣、一般的法則を確立することにあると思われる。[33]」

全ての記号過程は、理性的なレベルの推論だけではなく、本能的行動、無意識的な準‐推論にさえ、ある程度見られる。しかし、本来の習慣および一般的法則の確立は、自己意識、つまり自己制御の生じるレベルにおいて行なわれる。このようなレベルでの過程を「知識」（knowledge）とパースは呼ぶのである[34]。

さて、記号とは、知ることによって、さらに何かより多くのものを知るためのものである。この知識過程は直接的なものと媒介的なものとに分類される（図4参照）。この区別は認識過程における自己意識・自己制御のレベルに従っており、このことが知識の発展を可能にする。直接的知識は、人間の認識の発展に永遠に残る、いわば、「抵抗できない力」で私たちに生じてくる。それに対して、媒介的知識は、その背後に保証があり推論により導かれてくる。直接的知識は、「情態」（feeling）の知識と「意志（あるいは反作用）」（volition）の知識に二分される。媒介的知識は、「思考」（thought）による知識である。また、この思考は、①理解（apprehension）、②判断（judgement）、③論理的推論（logical reasoning）に区分される[35]。

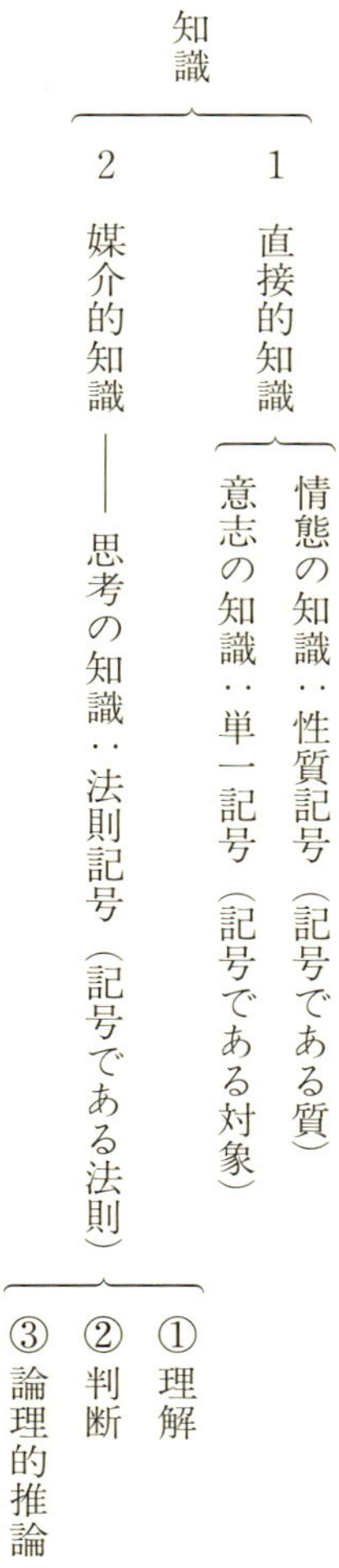

図4　知識の区分

記号分類

つぎに、これら知識（情態・意志・思考）にパースの言う「記号の一〇のクラス」をマッピングさせ、認識過程が記号の全てのクラスからなる「記号過程の進化」であることを確認しよう。まず、パースのカテゴリーに言及し、「記号の九つのタイプ」と「記号の一〇のクラス」という記号分類について手短にまとめておく。

パースの記号分類は、彼の現象学的カテゴリーに依拠している。パースは、心に現れるものすべてを「現象」（phaneron）と捉える。彼はこの現象を吟味し、その基本要素を類別して、第一次性（firstness）・第二次性（secondness）・第三次性（thirdness）という三つの現象のカテゴリーに到達した。つまり、第一次性とは、そのものが他のものと関係しないであるような、ものの在り方である。第二次性とは、第二のものとの関係においてあるものの在り方である。そして、第三次性とは、第一のものと第二のものとを関係づける媒介作用という、ものの在り方である。この三つのカテゴリーにしたがって、記号の在り方は以下のようになる。

1　記号（表意体）それ自体の在り方。（第一次性）

2　記号とその対象（第二のもの）との関係における記号の在り方。（第二次性）

3　記号と対象とを関係づける解釈項（媒介作用）、そのような記号の在り方。（第三次性）

	第一次性	第二次性	第三次性
「表意体」の三分法 representamen	性質記号 Qualisign	単一記号 Sinsign	法則記号 Legisign
「対象」の三分法 object	類似記号 Icon	指標記号 Index	象徴記号 Symbol
「解釈項」の三分法 interpretant	名辞記号 Rheme	命題記号 Dicisign	論証 Argument

図５　記号の９つのタイプ

Ⅰ	名辞(1)・類似(1)・性質記号(1)：例えば「赤い」という感覚		情態	
Ⅱ	名辞(1)・類似(1)・単一記号(2)：例えば、個体としての図形・絵		意志	
Ⅲ	名辞(1)・指標(2)・単一記号(2)：例えば、思わず出る叫び声		意志	
Ⅳ	命題(2)・指標(2)・単一記号(2)：例えば、風見・風向計		意志	
Ⅴ	名辞(1)・類似(1)・法則記号(3)：例えば、一般的図形・図式	理解	思考	
Ⅵ	名辞(1)・指標(2)・法則記号(3)：例えば、指示代名詞	理解	思考	
Ⅶ	命題(2)・指標(2)・法則記号(3)：例えば、町の呼び売りの声	理解	思考	
Ⅷ	名辞(1)・象徴(3)・法則記号(3)：例えば、普通名詞	判断	思考	
Ⅸ	命題(2)・象徴(3)・法則記号(3)：例えば、通常の命題	判断	思考	
Ⅹ	論証(3)・象徴(3)・法則記号(3)：例えば、三段論法など		思考	論理的推論

図６　記号の 10 のクラス〔( )内はカテゴリー〕

これらの記号の在り方は、記号を分析するための基本的視点を与えてくれる。これらの記号の在り方がさらに三つのカテゴリーにしたがい分類され、前頁の図5に示したように九つのタイプが存在することになる。[36]

パースはこれら九つのタイプの記号を、「高次のカテゴリーは低次のカテゴリーを含むが、その逆はあり得ない」（つまり、第三次性は第三・第二・第一次性を、第二次性は第二・第一次性を、そして第一次性は第一次性のみを含む）とする「カテゴリーの関係の理論」に従って組合わせることにより、前頁の記号の一〇のクラスを導き出すのである[37]（図6参照）。なお、この一〇のクラスに先の図4の知識の区分（情態・意志・思考）を付け加えている。

以上のように、記号の一〇のクラスの分類は、当のパース自身あいまいな形での提示になっている。とはいえ、この分類は、私たちにとって現実世界の記号を考察するための手掛りを与えてくれている。[38]

5　知識の進化

情態の知識

さて、図4、5、6を参照して、知識の進化的発展について論じていこう。まず、図4の第一の

「情態の知識」は、パースのカテゴリーでいうところの第一次性の存在様式をもつ。第一次性の概念は単なる「現れ」(appearance) としての「質的可能性または潜在性としてのいわば世界の原初的な在り方」を示し、このカテゴリーに含まれる情態の知識は、記述することのできない未分化な状態で、最初の直接的な解釈の段階(情動的解釈項)である。ここでは、最初の記号を「性質記号」としてもつのであり、記号と対象が混然一体となっている状態である「原記号」(proto-sign) と言える。したがって、情態の知識は自己制御の始まる可能性を内含する段階である。そこにおける記号のクラスは、まさにすべてのタイプが第一次性を有する図6の記号のクラスⅠに相当する。

意志の知識

次に、図4の第二の「意志の知識」は第二次性のカテゴリーをもつ。この段階には、図6の単一記号の形式をもつ記号のクラスⅡ、Ⅲ、Ⅳが相当する。こうした第二次性の存在様式を示す概念として、強制 (compulsion)、闘争 (struggle)、衝突 (clash)、抵抗 (resistance) 等があげられる。これらの概念には理性を伴わない「野蛮な力」(brute force) が内包されており、これらは単なる可能性とか潜在性ではなく、現実性をもつ生き生きとした概念である。

意志の知識は徹底的に二項的で、能動者と受動者、努力と抵抗、作用と反作用、という対立性をもつ。この観点から、先の「原記号」と対象の分離に言及すると、原記号は第一次性の存在様式をもつ「古い情態」である「自我」に、そして、対象は「野蛮な力」でこの「古い情態」を破壊する際の新しい情態としての「非我」(non-ego) に相当すると認められる。[39]

それでは、自我と非我の分離はいかにしてなされるのであろうか。私たちは子どもの頃から何か「期待されないもの」が私たちにその認識を強いる時、私たちはある衝突を経験する。その衝突は「期待されない知覚」を伴い、いわば非我の存在を示している。つまり、自我と非我の分離は、「誤りを犯し、主体の無知を発見する」という可謬的かつダイナミックな記号過程のうちに生じる。[40]

思考の知識

さて、上述した情態と意志という二段階の知識を経た後に「概念」が形成される。すなわち、その概念は、図4の第三の「思考の知識」において、その思考の下位区分である「理解」という複雑な推論に結びついた過程で形成される。この概念が発展していく理解過程は三段階あり、それは図6を参考にして、次のようになる。

(1) 観念の示唆 (仮説的推論) ——— 記号のクラスV
(2) 注意 (演繹的推論) ——— 記号のクラスVI
(3) 概念の形成 (帰納的推論) ——— 記号のクラスVII

これら理解過程の三段階には、三つの推論形式、すなわち、仮説的推論（abduction）、演繹的推論（deduction）、帰納的推論（induction）がそれぞれ対応し、推論の連続を構成する。まず、理解の第一段階である（1）「観念の示唆」において、私たちは何か感覚的なものごとに触れることで、共通の特色を一般的に有する類似記号の集合Cをもつ（記号のクラスV）。ここに定式化された仮説的推論は、（C，（A→C））→Aという形式をもち、その示唆（AならばC）はあたかも閃光のようにやってくる、可謬的な洞察である。このような推論によって、最終的に仮説として一般的観念Aが形成される。つぎに、（2）「注意」において、演繹的推論（（A→C），A）→Cの形式で、指標記号的な「これ」「あれ」で特殊化されるCが、（1）で仮説的に形成された観念Aにより帰結される（記号のクラスVI）。さらに、帰納的推論という（3）の「概念の形成」において、概念が、（A，C）→（A→C）という蓋然的な一般的規則として形成される（記号のクラスVII）。この過程のうちで、帰納的推論は思考の習慣的な要素を生む。この段階での命題（A→C）の中にあるAは、（1）の集合Cに共通である一般観念としての共通名（common name）というべきものであるゆえ、このAは象徴記号として機能している概念である。それに対して、Cは指標記号（記号のクラスVII）であり、けっして概念ではない。つまり、「概念の形成」に登場する命題（A→C）は、完全な象徴記号ではないのである。

こうして、「理解」の最後に形成された不完全な概念は、思考の次の下位区分である「判断」(judgment) に象徴記号 (記号のクラスⅧ) として登場し、さらに具体的には命題 (記号のクラスⅨ) の形で知覚的判断となる。そして、思考の最後の下位区分である「論理的推論」(reasoning) は、すなわち「論証」(記号のクラスX) と同じものである。したがって、知識とは、情態・意志・思考の各段階の発展に対応した記号クラスの進化・発展の過程である、といえる。[41]

解釈項の進化

ところで、ここで補足的説明を加えておきたい。以上の知識の諸段階は、記号過程における解釈項の進化という観点から捉えることができる。[42] ここで、情態は、知識の第一段階で、単なる現われとしての質的可能性であり、記号の第一の意味作用の効果である「情動的解釈項」(emotional interpretant) に関わる記号過程である。第二段階の意志は、記号が規定する実際的効果である「力動的解釈項」(dynamical interpretant) による記号過程である。第三段階の思考は、理解、判断、論理的推論を経て結実する。この結実は、論理的解釈項 (logical interpretant) による記号過程なのである。

習慣

さて、ここで、論理的解釈項は、それ自体が記号であるゆえに、さらなる論理的解釈項をもつことになる。すると、この論理的解釈項に対するまたさらなる論理的解釈項が必要とされ、こうして無限更新的解釈（説明）が続くことになる。パースによれば、「究極的論理的解釈項」とは「習慣」（habit）および「習慣変更」（habit-change）である。

「真の論理的結果はあの習慣である。言葉による定式化はただそれを表現するだけである。概念、命題、論証が論理的解釈項であるということを否定しているのではない。ただそれらが究極的論理的解釈項ではあり得ないことを強調しているだけである。……慎重に形成された自己分析的習慣――自己分析というのは、その習慣自らを育てたところの活動を分析することによって形成されているから――はリアルで生きた定義であり、真実の究極的論理的解釈項である(43)」。

「条件法的習慣（conditional habit）とは、未来においてある一定の一般的状況が生じた場合、そしてある一定の目的によって促された場合、ある一定の一般的仕方で行動するように人間のうちにある本性を決定することを意味する(44)」。

最初の論理的解釈項は、内的な世界において私たちを刺激し自発的に遂行している。やがて、与えられた諸条件の下で、解釈者がある一定の結果を欲求するときはいつでも、ある一定の仕方で行動するという「習慣」を形成させる。つまり同種の行動が、知覚と想像の同じような結合（同じような経験）の下で繰り返されるとき、そこから未来における同様な状況において、現実に「同様な仕方で行動する傾向」が生じる、これがパースのいう「習慣」である。このように慎重に形成された自己分析的習慣こそが本当の究極的論理的解釈項といえよう。

さらに、パースは「習慣変更」に言及する。「習慣変更とは、以前の経験からあるいは以前に人が実際に彼の行為や意志を行使したことから結果し、……、行動にたいする人間の傾向を修正することを意味する」[45]。したがって、習慣変更とは、私たちが以前に経験したことやある意志をもって行動したことが原因となって生じる行動傾向の修正を意味するとともに、それはまた、絶えず自らを修正し統制しつつ未来へと発展する科学的探究を可能にする行動の原理である。

パースにとって、実在とは、探究という記号過程における解釈項の連続的な進化、つまり究極的論理的解釈項としての習慣の確立および不断の更新的習慣変更において、その姿を現すものである。さらに、力動的対象としての実在は、汲み尽くすことのできない現実性をもち続け、探究の各々の段階において、その相貌を明らかにする進化的実在（evolutional reality）なのである[46]。

まとめ

初期のパースの記号学は、思考や認識の根底に記号過程があることを主張するものであった。その後、パースの現象学的カテゴリーが確立されて、記号・対象・解釈項の三項関係が明示された。知識の進化とは、記号の力動的対象（実在）へと進む科学的探究における記号過程の進化であり、外的世界は直接的対象として各々の段階で構築され続ける。そして、私たちは、最終的解釈項が得られるとき、実在の真なる表象に近づくことができるのである。

パースは認識を知識過程の進化と見なした。パースは、無意識における準 - 記号過程を想定し、そこから情態・意志・思考を経て発展する自己意識の進化として捉え、その認識過程を記号クラスの変化や解釈項の進化と見なした。ここにおいて、認識（認知）は混沌とした主客未分の情態の知識から進化発展する。私たちの認識は、独立して存在する主観と客観、それらの直接の触発・交渉によるものではない。認識とは、世界についての基礎的な原体験である全体的状況の存在、そこから記号と対象の分化が意志において生じてくる、その過程に始まる。そして思考における記号の進化を通して、対象世界の知識が私たちの精神に把握される。こうして、パースの記号学は知識進化の記号学と特徴づけることができるのである。

第三章　ジェイムズの記号論——意識の流れの記号論

ジェイムズ（W. James, 1842–1910）のプラグマティズムには、明瞭な積極的な記号論（学）の試みは認められない。それは、彼の独自の認識論的態度、すなわち「根本的経験論」（radical empiricism）によるものである。この説によると、個人の経験は、本来、主観と客観、知情意未分の経験（意識）の流れのうちにある。基本的実在は、この「純粋経験」（pure experience）のうちにあり、この中立的実在から個人の後の反省によって、主観と客観、心と物が分化し成立してくる。意識や思考は本来的に経験の流れのうちにある。この意識の流れは、パースやデューイにも影響を与え、プラグマティズムの特質である連続主義（synechism）に通底するものである。この意識（思考）の流れは言語に表出する。そこに、多少なりともジェイムズの記号論（言語論）を見て取れる。

1　プラグマティズムの格率の拡張解釈

特殊な結果

パースの「プラグマティズムの格率」は、ジェイムズのカリフォルニア大学での講演を契機に世に広まっていく。ジェイムズは、パースのプラグマティズムの格率を以下のように把握した。

「私自身は、パース氏が表現しているより、もっと広く表現すべきであると考えている。……そして私は、パースの原理を、むしろこういいあらわしたいと思う。すなわち、全ての哲学の命題の有効な意味は、つねに、能動的であれ受動的であれ、私たちの未来の実際的な経験における、ある特殊な結果に帰着させることができる。要点は、その経験が能動的でなければならぬという事実にあるよりも、その経験が特殊でなければならぬという事実にある(1)」。

ジェイムズは、パースのプラグマティズムを拡張解釈して、「未来の実際的な経験における、ある特殊な結果」と述べて、命題の有効な意味を経験の特殊な結果に認めた。すなわち、ジェイムズはプラグマティズムを個人の宗教的経験に適用した。このことは以下のジェイムズの言明から確認できる。

「要するにプラグマティズムは神の探究の範囲を拡張する。……プラグマティズムはどんなものでも取り上げ、論理にも従えばまた感覚にも従い、最も卑近な最も個人的な経験までも考慮しようとする。神秘的な経験でも、それが実際的な効果を持っている場合には、これを考慮するであろう(2)」。

個人の特殊な神秘的経験であっても、それがその個人に実際的効果をもたらす場合、これを考慮するのがジェイムズのプラグマティズムである。

パースにとって、プラグマティズムの格率とは、概念を明晰にして科学的探究を推進するためのものであり、科学者集団における客観的検証を目指したものであった(第一章2節参照)。したがってパースは、プラグマティズムがパース自身の定義から離れた形で、ジェイムズ流にアレンジされてアメリカに広まっていくことに賛成できなかった。そこでパースは、彼自身の打ち出したプラグマティズムの格率およびプラグマティズムの思想に、プラグマティシズム(pragmaticism)と改めて命名することになった。こうして、パースのプラグマティズム(=プラグマティシズム)は、ジェイムズ流のプラグマティズムと一線を画することになった。

パースのジェイムズ批判

パースは次のように、論文「プラグマティズムの問題点」（一九〇五）において、「プラグマティズムの格率」（第一章2節参照）を言い換えて、概念とシンボル（記号）との密接性を主張する。

「いかなるシンボルであれ、そのシンボルのもつ知的な（intellectual）意味内容のすべては、あらゆる可能な様々な状況と意図にもとづく条件のもとで、そのシンボルを受け入れることから結果する人間の理性的な（rational）行為のあらゆる一般的な（general）様式の総体にほかならない(3)」。

パースは、ここで概念をシンボルと言い換えている。つまり、パースのプラグマティズムの格率の特質は、概念とシンボル（記号）の表裏一体性を基調とするものであった。さらに、プラグマティズムの格率は、記号の知的な意味内容は、その記号を受け入れた行動の結果としての理性的な一般的様式にある、と主張する。ここに、ジェイムズがいう個人的な「特殊な経験」および「神秘的な経験」の否定を見て取れる。こうしてパースはジェイムズを以下のように批判する。

「ジェイムズのプラグマティズムの定義は、彼が意味を、私がやったように習慣というものに限らないで、知覚を意味として認めた点で、私の定義と違っている」[4]。パースは意味を行動の習慣に認めたのに対して、ジェイムズは、それを習慣のみに限らず、個人の知覚にも認めた。したがって、意味は、個人の特殊な経験、特殊な知覚にも見出されることになる。

2 意識の流れ

Thought goes on

ジェイムズは、何ゆえにパースのプラグマティズムの格率を、個人の特殊な経験にまで拡大解釈するのであろうか。それはジェイムズの認識論的態度、すなわち根本的経験論によるものである。ジェイムズにとって、まず「在る」のは経験である。心と物、主観と客観という二元的対立は、この経験の後に抽象され設定されてくるものである。ジェイムズの根本的経験、純粋経験とは、心的でも物的でもない、その区分以前の最具象的な知覚（感覚）的流れである。これがまずもって実在なのである。

ジェイムズは「意識の流れ」（stream of consciousness）、思考の流れを強調する。この流れを言表するにあたって、彼は以下のように主張する。"I think."というよりも、"It rains."とか"It blows."と同様に、非人称的に、中立的な"It thinks."という方が適切である。しかし、英語にはそのような表現はないので、“Thought goes on.”（思考が流れる）といわざるをえない、とジェイムズはいう[5]。

意識（思考）の流れには、（1）個人性、（2）変化、（3）連続性、（4）志向性、（5）選択性、という五つの特性が認められる[6]。端的にいうと、意識は、個人的であり、多様に変化しながら連続的に流れて、ある外的対象を志向しながら対象を選択する。

言語の流れ

純粋経験において意識の流れは以下のように感じとられる。

「この過ぎ行く一瞬一瞬が私の生の新たな脈動であると私が感じるその同じ行為のなかで、私は、過ぎ去った生が新たな生の脈動の中へ連続していることを感じるのであり、この連続の感じは、それと同時的に起こる新しさの感じとけっして衝突しない。この両方の感じもまた、調和的に浸透し合っている[7]」。

この意識の流れは前置詞、連結詞、および接続詞等を伴うような、以下のような言語表現となる。「である」（is）、「でない」（isn't）、「そこで」（then）、「の前に」（before）、「のなかに」（in）、「のうえに」(on)、「の側に」(beside)、「の間に」(between)、「の次に」(next)、「のように」(like)、「とは違って」(unlike)、「として」(as)、「しかし」(but) 等々、これらは純粋経験のなかから自然に花咲き出るものである。(8)

意識の流れは、あたかも鳥の活動のように、「飛行」と「停止」の繰り返しである。一つの考えを文章で表し、その文章をピリオドで閉じる、という言語の基本的リズムは、このことを示している。ピリオドでもって閉じた文章(命題・判断)が、意識の流れの「実質的部分」(substantive parts)であり、また次の文章が始まって、閉じる前のやや曖昧な状態が意識の流れの「推移的部分」(transitive parts)である。この意識の流れの推移的部分には、事物の関係における「感じ」(feelings)とでもいうべきものが存在する。

ジェイムズは経験における「辺縁」(fringe)の意識(感じ)の存在を強調する。これを強調することによって、概念や命題に含まれないもの、それらから漏れているもの、つまり「あいまいなもの」を積極的に認め擁護する。つまり、私の思考の中で、注意が向けられた(志向)対象が実質的部分としてI thinkと帰結する。「あいまいなもの」(辺縁)は概念化されず名づけられるまでには至らないほどの推移として機能している。

3　知覚と概念

連続と不連続

知覚は連続的で概念は不連続的である、とジェイムズはいう。

「知覚と概念の重要な相違点は、知覚が連続的で、概念が不連続的だという点である。……知覚の流れは、それだけで何ものも意味しない。それはただ存在しているにすぎない。この知覚の流れを、いかに細かく寸断してみても、それはつねに多即一である(9)」。

個人は概念作用によって、そこから無数の性質や特徴を分離し選び出し、それに意味を与えることになる。概念は、それぞれにおいて不連続である。しかし、知覚の流れは、それだけでは何ものも意味しない。もし、概念的な見方、特定の意味をすべて捨て去り、むき出しの感覚的生活に戻るならば、次のような世界になるであろう。「百花繚乱の中を昆虫がぶんぶん飛び交っているという状況を大規模にしたような混乱状況(10)」のような光景が現れるのである。

私たちは、このような生のままの混乱する感覚的多様性から注意作用によって、いろいろな対象を彫りだし、概念作用によってそれらに名前を与えて、同一の対象を同一の名で呼び安定を保っている。こうして、具体的な連続体から切り取られ抽出されたものの集まり、それが概念にほかならない。

神

概念作用がいまだ働かない「知覚の流れ」、あるいは「多即一」と把握されるありのままの経験、これをジェイムズは自らのプラグマティズムの出発点である「根本的経験論」と主張した。ジェイムズによると、知的生活は、知覚の世界（私の経験はそこではじめて成立する）を概念の世界に翻訳することである。しかし、ジェイムズは、個人の特殊な経験としての宗教的生活を大切なものとする。私は概念的な論証によって神の存在を知るのではない。すなわち、私自身の特殊な経験・結果の故に、私にとって神は存在するのである。

まとめ

ジェイムズの記号論、それは、個人の根本的経験・意識の流れに立脚する言語論として試みられている。ジェイムズは、パースとは異なり、個人の意識の流れ、知覚の世界を重視する。ジェイムズが根本的経験論から説き起こす「感じ」（feeling）は、パースの記号学でいうと、記号と対象が混然一体である原記号（proto-sign）の状態に相当するといえよう。言い換えると、ジェイムズの「感じ」は、パースの知識の進化でいうと、情態の知識（feeling）における質的可能性・潜在性としての原初的な在り方（第一次性）に相当するといえよう。したがって、ジェイムズは、パースにいわせると、この原記号、情態の知識の範囲を越え出て、概念の世界、記号の世界に研究を進めることはなかった。それ故、ジェイムズには記号学を試みる必然性はなかったのである。概念化すること、記号化することに、ジェイムズその人自身の関心は向かわなかった。経験の概念化はパースの記号学が引き受けた仕事であった。

第四章　デューイの記号論――探究行為の記号論

プラグマティズムにおけるデューイ（J. Dewey, 1859–1952）の記号論の意義を確認しよう。従来、デューイの記号論に視点を定めた研究論文はきわめて少なかった。その理由は、デューイその人に記号を主題とする主著、論稿がない故に、デューイにとって記号論は主たる研究領域ではない、という研究者の臆見によるものであろう。しかし、デューイの著書、論稿には、サイン、シグナル、シンボル等、あるいは身振り、音声、言語等に論及した箇所が実に多い。本章では、デューイの探究の理論に着目することによって、彼の記号論を把握しよう。

デューイの記号論（言語論）は、パースが創始した記号学をモリスの行動的記号学につなげる大きな役割を果たしている。デューイの記号論は、パースの記号学から何を継承したのか。そして、デューイの記号論はミードのシンボリック相互行為論、モリスの行動的記号学にいかなる理論的影響を及ぼすのであろうか。まず初めに、一九八〇年代のデューイ・ルネッサンスの様相を見てみよう。次に、デューイが提示した反射弧理論、そこに心身二元論批判および行動心理学批判を確認することにより、探究行為の記号論を捉えることにする。

1　コミュニケーションと記号

デューイ・ルネッサンス

一九七九年、ローティは、アメリカ哲学会大会（東部地区）において、「プラグマティズム・相対主義・非合理主義」と題する会長講演を行った。これが契機となって近年、デューイの哲学、とくに彼のコミュニケーション論がにわかに脚光を浴びるようになった。たとえばローティ、バーンスタイン（R. Bernstein, 1932–　）、スリーパー（R. W. Sleeper, 1925–　）等によって試みられるデューイの再発見・再評価は、いずれもデューイのコミュニケーション論に着目するものである。その代表的著作としては、ローティの『哲学と自然の鏡』（Philosophy and the Mirror of Nature）、バーンスタインの "The Resurgence of Pragmatism"（プラグマティズムの復活）、スリーパーの "The Necessity of Pragmatism"（プラグマティズムの必然性）等があげられる。他にもデューイに関する多数の著作が出版されて、アメリカ哲学会の現状は、あたかもデューイ・ルネッサンスの様相を呈していた。

ネオ・プラグマティズムを唱導しつつデューイ・ルネッサンスの先鞭をつけたローティは、デューイ哲学の「全体論的融合的側面」(holistic and syncretic side) に着目する。この特徴的側面は、コミュニケーションによって可能となり、ローティは、これを具体的に「会話」(conversation) として捉えている。(1) バーンスタインは、「プラグマティストは、経験、探究の間主観的・社会的・共同的次元の優位性を、現代哲学の極端な主観主義者に対して強調した」(2) として、とくにデューイを高く評価する。また、スリーパーは、デューイがシンボルや言語、ディスコース等を大きなスケールで論じていることを指摘する。彼は、デューイの『論理学——探究の理論』(Logic－The Theory of Inquiry) における言語論（記号論）は、その対極にあるラッセルや前期ウィトゲンシュタインの論理的原子論における写像理論と比較検討すべきである、と主張する。(3)

デューイにとって、言語の特質とは、共同行為の達成を目指して使用される、その道具性に認められる。

「名称 (names) と現実の対象 (objects) とのあいだに一対一の直接的対応はありえないという事実、すなわち、言語は共通の互いに分かち合う結果を生みだす共同の活動と結びついて初めて意味をもつ(4)」。

すなわち、言語の特質は、事物を写像として写し撮るような記述性にあるのではない。このようなデューイの言語観にデューイ・ルネッサンスの担い手たちは大筋において賛成する。したがって、知識は実在の正確な表象から成立する、という論理実証主義や分析哲学の「真理対応説」は否定される。真理対応説は、ローティによると、西欧哲学に特有なメタファー、すなわち「心は自然を写す鏡」に囚われているのである。

記号媒体

人と人との間のコミュニケーションの媒体をなすものが記号である。コミュニケーションとは、「共通のもの」(communis)を分かち合うことである。この共通のものを人間にもたらす媒体が記号(身振り・眼差し・表情・音声・言語等)である。ホモ・コムニカンスとしてのヒトは、この記号を解読・解釈することによって人間としての様々な知覚、感情、思考などの内容を共有し合うことになる。コミュニケーションにおいて、人間関係が生まれ、社会、歴史、文化が成立し存続し発展しつづける。コミュニケーションの経験から、個人の自我ないし人格が発達し成長することは言うまでもない。社会から不幸にして隔絶された子どもたちの観察記録は、コミュニケーションの経験が欠落するならば、人間に成ることも人間として在ることもきわめて困難であることを教えてくれる。

コミュニケーションは、本来的に記号（言語）を媒体とする意味の伝達である。したがってコミュニケーション論と記号論は密接不離の関係にある。記号論の欠落したコミュニケーション論は存立しえない。したがって、記号論はデューイにとって重要な関心領域であったことは否めない事実である。デューイは言明する、「人間は、……単なる物理的世界に生きているのではなく、サインとシンボルの世界に生きている」(5)。記号論は、デューイの多くの著書、論稿にちりばめられている(6)。デューイのコミュニケーション論は、記号論と不可分の関係にある。

2 反射弧の理論

調整

デューイは、彼の著書『経験と自然』(Experience and Nature)、『哲学の改造』(Reconstruction in philosophy)、『論理学――探究の理論』(Logic－The Theory of Inquiry)、『確実性の探究』(The Quest for Certainty) 等において、反射弧の理論を繰り返し唱えている。この理論は、デカルト以来の伝統的な心身二元論を批判するための、デューイにとって最重要の原理である。

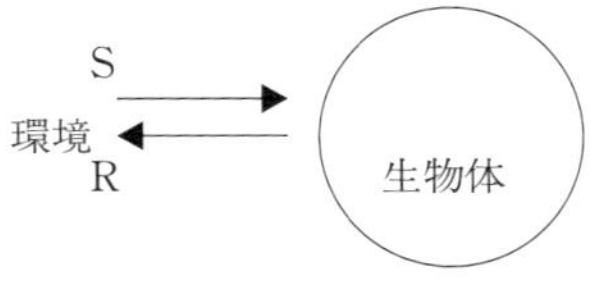

図1　ワトソンの行動概念

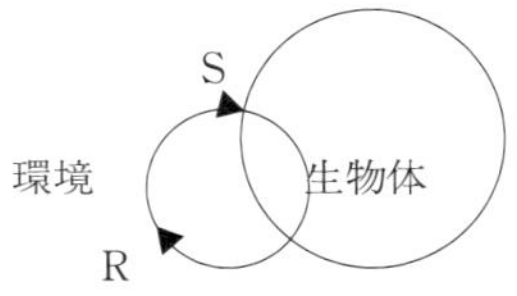

図2　デューイの行動（反射弧）概念

デューイは、初期の論文“The Reflex Arc Concept in Psychology”（心理学における反射弧概念）において、生物体の行動について、ある独創的見解を提示した。図2を参照されたい。彼の「反射弧概念」において、「刺激」（stimulus）と「反応」（response）は、あるいは感覚と運動（行動）は、生体内の神経を介して、円（circle）ないし円環（circuit）となる「調整」（co-ordination）の機能として把握される。デューイのこの創見は、心理学において、構成主義およびワトソンの行動主義を批判するところの機能主義として特徴づけられた。反射弧の理論は心理学におけるデューイの最大の功績といえよう。デューイの、相互作用、トランスアクション、適応、探究、コミュニケーション、記号等の諸概念は、この反射弧の理論と密接な関係にある、と見なしえる。

デューイは、図1のワトソン（J. B. Watson, 1878−1958）の行動概念のように、刺激と反応を、因果律に基づいて、原因としての刺激、結果としての反応、として捉えることを否定する。また刺激と反応を、時間継起に基づいて、始まりとしての刺激、終わりとしての結果、として捉えることを否定する。つまり、刺激（原因、始まり）に対する反応（結果、終わり）として、行動を捉えることを否定する。刺激と反応は、生体の行動においては、基本的に同時的相関的であり、「調整」の機能のうちにあり、その連続的過程としての円環の関係にある（図2参照）。反射弧概念が示すように、反応（射）としての弧は円の一部であり弧の連続は円となる。デューイは、弧は円ないし円環の一機能であることを主張する。つまり生物体は、環境に反応しながら能動的に刺激を選択する、その刺激は生体内の神経回路を経ることにより能動的な反応となる。このような行動において、生物体は環境とトランスアクション（相互交渉）のうちにあり能動的に環境に適応するのである。

感覚・運動の調整

デューイの例示に従って反射弧概念を把握しよう。子どもがローソクの炎に手を触れ熱いと感じ手を引っ込める。(7) この場合、科学的説明として採用される刺激－反応図式は以下のとおりである。先ず光の感覚が刺激となって、次に手を伸ばして触れるという反応を引き起こし、熱さ（火傷）の感覚が刺激となって手を引っ込める反応となる。しかし、デューイによると真の始まりは、光による感覚的刺激ではなく、子どもが対象に向かう関心ないし注意――頭と眼球を動かす筋肉運動――としての「見る」という能動的行為である。つまり、始まりは、感覚的刺激ではなく「感覚運動調整」（sensori-motor co-ordination）である。(8)

感覚と運動が機能的な円環となる調整、これによって、「見る」という刺激選択が、つまり能動的行為が始まる。これが、ローソクの炎を見て手を伸ばし触れる、さらに熱さを感じて手を引っ込める、という連続的行為を可能とする。この連続的行為の過程には、感覚（刺激）と運動（反応）の円環をなす調整を見てとれる。この調整が途絶えるならば、炎に手は到達できないし手を引っ込めることもできない。見ること（感覚）は、手の運動（行動）を刺激しつつコントロールする。同様に、手の運動は見ることを刺激しつつコントロールする。見ること（感覚）と手の運動は相互に作用し合う「調整」機能のうちにある。

「刺激とは、調整を成功させるために必要な諸条件を示すところの、調整を形成する側面である。反応は、調整の成功をもたらすための道具（instrument）として、上述の諸条件に対応する手がかりを与えるところの、同じ調整を形成する側面である。それ故に刺激と反応は、まったく相関的で同時的である(9)」。

感覚（刺激）と運動（反応）は、機能的に一つの調整の円環を形成する。ローソクの炎に触れて火傷した子供は、その経験を通して、条件法的に「もしローソクの炎に触れるならば熱い」という意味（meaning）を学ぶことになる(10)。したがって、それ以降、ローソクの炎には触らない、という新しい行動習慣をもつことになる。

トランスアクション

デューイは、論文"Body and Mind"(身体と精神)において、ワトソンの行動主義つまり機械論的な刺激－反応理論に論及して、ワトソンの行動主義が行動と環境を二元的に区分していると批判する。ワトソンは、行動を、環境からの刺激に対して、受動的に無目的的に反応する物理的対象、として捉えている。しかしデューイはいう、「実際には、環境が行動のなかに包合されるのとちょうど同じように、生物体の過程もまた環境のなかに含まれている」[11]。デューイは、反射弧の理論に基づく相互作用について、生物体と環境とのトランスアクション(交渉)として、以下のように主張する。

「行動はつねにトランスアクショナリーに捉えられるべきである。すなわち、それは環境だけからなるものでないように、決して生物体だけからなるものでもない。それはつねに、生物体と環境的対象を等しくその側面とする生物体＝環境の状況とみなされるべきである」[12]。

デューイは、ワトソンのように、人間の行動を「刺激－反応」という部分の機械的寄せ集めから説明する方法を否定する。それは布片を集めて縫い合わせるパッチワークのようなものだからである。生物体と環境は、ひとつの行動のうちに統合されている。したがって、刺激と反応は、分離独立した別々の概念として理解されるべきではない。

反射弧の理論に基づくと、生物体の環境への適応は、単なる受動的適応ではなく、能動的適応となる。「適応は、完全に受け身のものではない。適応(adaptation)は、……生命の維持には環境のある要素を変形することが必要なのである。ハマグリでも環境に働きかけ、食べる材料を選び、身を守る殻になる材料を選ぶのである」[13]。つまり、ハマグリは、自らの生命の維持に好ましい素材を能動的に選び取りながら、環境に適応しつつ生きている。適応とは、機械的なものではなく、能動的なものである。適応とは、それが自然にたいするものであれ、社会にたいするものであれ、生命の維持と存続を目指して、生体にとって好ましいものを選択し、好ましくないものを否認する能動的行為である。これは単細胞生物アメーバのレベルにも認められるところの「選択否認行動」(selective-rejective behavior)である。換言すると、適応とは、生物体が未来の行動のプランを立てて、現在の刺激を選び取る能動的行為である。したがって記号および意味は適応に向けて道具性を帯びることになる。

3　記号と意味

二つの記号分類

デューイの記号論の概要は、アウグスティヌス以来の二つの記号分類、自然記号と人為記号とを踏襲する（第一章3節参照）。とはいえ、そこにはデューイ独自の人為記号論の試みがある。記号（sign）はある何ものかの代理（representation）である。その記号は、一般的に自然記号（natural sign）と人為記号（artificial sign）（シンボル）に区分される。自然記号には「指示対象」（significance）が、人為記号には「意味」（meaning）が対応する。デューイの記号論は、この二つの分類を出発点とする。これらの具体例を掲げよう。

自然記号

まず自然記号である。煙は現実に火の存在を指示するので、煙は火（指示対象）の自然記号である。また、黒雲は雨になることの自然記号であり、夕焼けは翌日晴れることの自然記号である。煙は火の証拠（evidence）、黒雲は雨の証拠、夕焼けは晴の証拠である。自然記号は、現実の時間空間的脈絡のうちに、ありのままの自然のつながり、つまり現象として成立する。自然記号は、それの解釈者としての人間を前提とするが、そこにはいささかの人為も介在していない。しかし、現象に、証拠、指示対象を見出すのは言語を使用する人間である。現実の事物に「指示する能力」(signifying power) や「証拠づけの能力」(evidential power) を与えるのは、コミュニケーションの媒体として発生し、共同活動において協力を可能にしてくれる言語である[14]。

人為記号

さて、人為記号（シンボル）は、煙の「火」、または黒雲の「雨」になること、夕焼けの「晴」になること、のような指示対象がなくとも成立可能である。人為記号の成立には、人為が介在して、例えば文学的表現、科学的説明記述のように、想像や思考において「操作」(manipulation) されることを特徴とする。人為記号は指示対象というよりも操作の故をもって成立する。とりわけ言語は論理的な思考ないし推理を可能としてくれる。論理学では、思考、推理の対象が、現にどこかに存在しなくともよい。記号論理学 (symbolic logic) で用いられる論理記号は、対象に直接に関わることなく成立する。命題は代数学のように、p、q、r、のように表記される。そして、・(……と……)、∨(……または……)、~(……ではない) 等の結合子が用いられる。こうして例えば、~(p・q) ≡ ~p∨~q のような命題計算が行われる。論理記号は操作される道具として存在する。

ところで、日常的に用いられる人為記号としては言語がある。人間の社会的適応は、個人と個人との相互作用において、言語（記号）を媒介とするコミュニケーションによって可能となる。「言語は、コミュニケーション――つまり共通のものを形成すること――を行なう他人または他人たちと関係がある」[15]。音や紙の上の印のような物質的なものが、コミュニケーションの媒体となれるのは、意味を代理する能力を有するからである。言語が人為記号である所以は、最も重要な機能として、その代理能力（representative capasity）によって意味（meaning）を担うからである。

文化と人為記号

言語によって、社会関係が成立する、文化が伝播する。理性的思考、論理的思考は、コミュニケーションにおける言語の操作のうちに認められる。記号論理学に見られる抽象的な形式的記号体系もまた社会的文化的基盤を超え出て存在するものではない。

「言語はそれ自身文化的な制度であり、ある観点からすれば、多くの文化的な制度のなかのひとつにすぎない。しかし、それ（言語）は（1）他の制度や身につけた習慣を伝達する媒体であり、（2）他のすべての文化活動の形式と内容の両面に浸透する。さらにそれは、（3）ひとつの形式として抽象できるそれ自身のはっきりした構造をもつ」[16]。

デューイの人為記号論は、西欧伝統哲学を貫くア・プリオリな理性、純粋理性を、批判対象とする。具体的にその対象とは、アリストテレスの形式論理学からその論理構造の視覚化の試みであるヴェン（J. Venn, 1834－1923）の図式までである。論理学は、数学とともに最も理性的な学と規定されて、ア・プリオリな理性、純粋理性は、真偽判定の絶対的審判者であった。

論理的判断は、主語概念と述語概念とを表す言語から成立する。命題と命題の関係は、意味内容なしに、また使用状況なしに考察できる。それは、（a）命題についての数学的考察であり、こうして命題計算は成り立つ。命題はまた、（b）外界の事物との対応関係としても考察できる。さらに命題は、（c）文化と社会を背景とする状況、そこにおける人間行動として考察できる。デューイの立場は、彼の探究の理論が示すように、（c）とは無関係に、（a）、（b）の存在を主張する分析哲学や論理実証主義を批判する。デューイは（c）に立脚して、この範囲から、（a）、（b）を視野に入れる。この立場は、モリスに継承されて、記号論の一分野であるプラグマティクス（語用論）として成立することになる。デューイによると、数学も論理学も本来的には人為記号を操作する社会的文化的な営みである。数学や論理学のような「もっとも抽象的、形式的な記号体系も、それらがそこで生き、働き、存在をもつ文化的基盤から逃れることはできない」[17]。以上のように、デューイの記号論は、伝統的な形式論理学および理性のアプリオリズムを批判する。

道具としての意味

人為記号（言語）は、身振りや音声が目的の実現を目指す共同行為において使用されて、進化論的な発展から成立した、とデューイは想定する。[18] たとえば農夫が「コーッ、コ、コ、コ……」と呼んで器に餌の音を出すと、ニワトリは走り寄ってくる。しかし餌をまこうと腕を上げると、ニワトリは驚いて飛び退く。人間の幼児は、「おやつですよ」と言いながら袋からお菓子を取り出す母親の身振りや表情に、母親が食べものをくれる、という意味を見い出して共同的に受けとめる。ニワトリの行動は場当たり的で、餌をくれる主人からは独立しており、その個体中心的である。人間の子供のそれは、母親の行動に参加して共同的である。「言語（人為記号）は、行為者によって意図された結果との関係をしるし、特定の存在物の脈絡のうちで結果との関係を効果的にする役割をはたす[19]」。

言語はあらゆる道具使用の目的や結果に意味を与え、意味を育成する母体である。デューイが、言語を、「諸道具の道具」（tool of tools）と特徴づけるのもこのためである。

言語は人間相互の行動関係における「道具」として媒介的性質をもち、結果に対する手段として道具的に使用されるところに最大の特徴をもっている。記号としての言語がそれ自身の機能を発揮しうるのは、それが人間関係を具体化させて、行動への積極的関与を推し進める点にある。

デューイの「意味」（meaning）概念は、対象の指示というよりも、未来に向けての行為の仕方に関する共通理解を示している。つまり、未来においていかなる行為の達成を生むのか、についての共通理解が意味である。換言すると、"means" が、手段、方法を示すように、社会的な共同行為の進展の始まりと終わりに介在して、行為をその達成に導くところの道具が意味（meaning）である。

4　探究行為とシンボル

パース記号学の継承

デューイの記号論はパースの記号学といかなる脈絡関係にあるのか、その概要を把握しよう。記号学の創唱者パースにとって、記号は思考の習慣（habit）と密接である。パースの記号学は、基本的に、記号・対象・解釈項の三項関係から成立する。私たちの思考は記号の内にある思考であり、その思考は、他の思考によって解釈される、という記号性を帯びている（第二章2節参照）。思考と思考の連続的結合は、記号と記号が結びつく解釈項に由来する。それ故に、先行の思考（記号）は後続の思考（記号）によって解釈されて対象の意味を表示する。この記号の論理的解釈項は推論を可能ならしめる指導原理としての習慣である。この習慣は、ある一般的な行為の仕方としての傾向でもある。もし（if）かくかくのことが生じたならば、そのとき（then）しかじかの仕方で行動する、という条件法的行動を可能にするのが習慣である。科学的知識（法則）の獲得は、本来的に、未来に向けての行動の仕方を与えてくれる、というのがパースの科学観である（第二章6節参照）。

このような習慣論は、デューイに受けつがれて、コモン・マン（一般世人）の生物的社会的行動の習慣に拡張される。このことは、デューイの理性のアプリオリズム批判の著『論理学――探究の理論』に見て取れる。「パースの見解によれば、推論のあらゆる結論は、有機的な意味での習慣を含んでいる。生命は、まさしく習慣とよぶべき十分に一般的な行為の仕方がなくてはなりたたない[20]」。以上のように、デューイは、パースの習慣論を継承しながら、生命と関連づけて、習慣とは一般的な行為の仕方である、と主張する。

探究行為

デューイの探究の理論は彼の著作『論理学――探究の理論』に具体的に提示されている。この著作はパースの探究の理論の影響のもとに書かれたものであり、実際、デューイはこの著でパースについて以下のとおりに述懐している。「注意深い読者は、私（デューイ）の一般的立場が、パースの大きな影響を受けていることに気づくであろう。私の知る限りパースは探究とその方法を論理学のテーマの根本的な究極の源泉とした最初の人であった[21]」。デューイは、ダーウィン（C. Darwin, 1809－82）の『種の起源』（The Origin of Species, 1859）の進化論を採用し、生物体（人間）と環境の相互作用、相互依存関係を、彼の探究の理論のベースとしている。デューイの探究の理論は、パースの探究の理論を生物学的に基礎づけ発展させる試みである。

パースの記号学は科学者共同体における三段階の探究過程を示している（第二章5節参照）。

①「仮説形成」（問題解決を目指す発想から仮説を立てる）

②「演繹」（仮説の論理的検討）

③「帰納」（仮説の検証により法則を獲得する）

以上の三段階を、デューイは六段階の探究過程に拡張させたわけである。デューイのこれはコモン・マン（一般世人）の問題解決過程である。

デューイにおいて探究とは、環境と人間の不適応状況（問題状況）から適応状況（問題解決状況）を目指して、社会的に行われるそれである。

「人間は言語を有する故に伝えられた文化を享受し、集団のなかで他人と結びついて生活する存在である。したがって、探究とは、社会的に条件づけられ、文化的な結果をもたらす活動である[22]」。

言語（人為記号）を使用しつつ他者との相互関係のうちに生活する人間は、問題解決行為、探究行為を、その生活のなかに共有する。デューイは六段階の探究過程を唱えている[23]。

①不確定な状況（indeterminate situation）

②問題設定（institution of problem）
③問題解決のプラン（仮説）の決定（determination of a plan for problem situation）
④推論（reasoning）
⑤テスト（実験）（test）
⑥保証つきの言明可能性（warranted assertibility）

以上の探究過程を説明しよう。

①生物体（人間）は本来環境と一定の安定状況を保ちながらその生を維持している。不確かな状況では、このバランスが崩れ不安定になり、結果の予測ができない疑わしい問題状況となる。

②問題設定では、不確かな状況の中で探究の必要性を見て取り、問題の特質が把握される。

③問題解決のプラン（仮説）の決定では、確定された状況に向けて問題解決のプランが定まる。問題の所在が事実としてよく観察されて、解決可能な観念がシンボルとして把握される。

④推論においては、命題を構成するシンボルが操作されて、問題解決のプラン（仮説）が論理的に吟味検討される。一定のプラン（仮説）をテスト（実験）に移す見込みがつく。

⑤テスト（実験）では、探究者が実験的行為によってプラン（仮説）を検証する。

⑥保証つきの言明可能性では、テスト（実験）によって問題解決を可能にしてくれたそのプラン（仮説）が知識として把握される。状況は確定されて安定したものになる。

「探究とは、不確定な状況を確定された状況に、コントロールし方向づける仕方で、変えていくことである」[24]とデューイはいう。探究の過程において、デューイはシンボルの機能を以下のように強調する。探究にはシンボルが不可欠なのである。

「探究を続けるためには、事実をそのまま受け取るのではなく、代理を通して受け取ることが必要である。この要求は、事実を命題の形式で、すなわちシンボルで定式化することによってかなえられる」[25]。

「保証つきの言明可能性」とは、未来において、もし同様の問題が生じた場合、その解決を可能にしてくれるところの知識（法則）である。これは、パースと同様に条件法的行動の仕方としての習慣の定着を意味する。

デューイにおいて、探究とは、シンボル（人為記号）を操作しつつ問題解決を目指す過程であり、それはコミュニケーション過程でもある。したがってまた、「科学的態度は、本来的にはコミュニケイティブであるとともに、実験的である」[26]。探究によって獲得された「保証つきの言明可能性」は、コミュニケーションにおいて伝達されて新しい社会的習慣が定着する。

自然と人間との相互作用、そこにおける探究行為は芸術活動をも包含する。芸術は個人の生活経験のなかにある。したがって、美とは、美術館に大切に保管されて外から鑑賞されるものとしての、「芸術所産」（art product）ではない。芸術とは、日常生活における個人（創作者）の経験における能動的活動であり、その達成が「芸術作品」（the work of art）である。個人は、作品を創りながら鑑賞し、鑑賞しながら創りあげ、できた、という完成の満足・喜びをもってその活動を終了する。したがって、デューイにおいては、artistic（芸術的）とesthetic（審美的）とは、つまり創造と鑑賞とは、創作過程において一体となっている。したがって、創造と鑑賞は別次元のものではなく、元来、探究行為においては一体となっているのである。以上のようなデューイ芸術論はモリスの芸術記号学に継承されることになる。

ミードやモリスの記号論へ

デューイの生命と環境、人間と自然、精神と身体等のトランスアクションは、ミードの社会的行動主義ないしシンボリック相互行為論の理論的素地となる。ミードは、とりわけ反射弧の理論における「調整」の概念を基礎として、デューイと同様に、ワトソンの行動主義を批判した。[27]

デューイは、身振り、音声、言語という進化的発展を『経験と自然』において示している。これとほぼ同様の観点に立脚して、ミードは、身振り、音声身振り（vocal gesture）、有意味シンボル、言語の進化的発展を唱える。ミードは、この進化的発展に、ユニークな考察と分析を加えた。それは、特に音声身振りの場合は、他者への刺激（反応）が同時に自分自身への刺激（反応）になる、つまり「反省（射）的行為」（reflective conduct）になる、ということである。音声身振りは、行為（発話）者の聴覚を介して、発話する当のその人の内的態度（構え）において反射（reflectiveness）あるいは反省（reflection）させることができる。

デューイの習慣論、さらに選択否認行動論は、モリスの「行動的記号学」において、きわめて重要な意義を占めている。モリスは記号過程を以下の、記号、指示的意味、解釈者、解釈傾向、という四要因から捉える。モリスは、解釈傾向について、記号の故に、ある行動の反応連鎖によって、反応しようとする解釈者の傾向（disposition）と定義する[28]。このモリスの解釈傾向には、デューイの習慣論、具体的には「傾向」の概念が継承されている。デューイは傾向について以下のように述べている。「傾向（disposition）とは準備傾向を意味するものであり、機会さえあれば、いつも一定の仕方で、外に表出する行動にむけてのレディネス・用意・準備である[29]」。

まとめ

デューイは、反射弧理論に基づいて、人間行為を円環的調整としてのトランスアクションとして把握した。したがって、精神と物体、人間と自然の二元論的区分は否定される。また、個人と社会、自己と他者の実体的区分も否定される。人為記号（シンボル）は、社会的共同行為の達成を目指して使用される道具であり、そこに意味が生成する。人為記号は、その道具性ないし操作性において、社会的な行動習慣となる知識の発展を担っている。

デューイは、パースから継承した論理的な習慣を生物的社会的な習慣として捉え直した。デューイの習慣論における「傾向」の概念は、モリスの記号学における「解釈傾向」として設定されることになる。デューイの記号論は、プラグマティズムの記号学において重要な位置を占めている。

第五章　ミードの記号論——シンボリック相互行為論

デューイは記号の社会的文化的特性を強調して、記号をコミュニケーション過程の中に設定した。このようなデューイの記号論を踏襲して、ミード（G. H. Mead, 1863—1931）は「自我」や「精神」へのアプローチを試みる。ミードの学的関心は、私たちの自我や精神が、いかにして諸個人間のコミュニケーション過程のなかから出現し形成されるのか、を説明する点にあった。その説明のために、ミードは、役割（role）に基づきながら象徴（言語）を媒介にする人間の社会的行動に着目した。このようなミードの方法を、ブルーマーは彼の著書において「シンボリック相互行為論」と特徴づけて、この方法の確立に功績のあった者として、ミードの他に、ジェイムズ、デューイもあげている。ミードの批判の対象は、デューイと同様に、ワトソンの機械論的な行動主義心理学であった。

ミードのシンボリック相互行為論はダンカンやバークに継承されて、ドラマトゥルギーという、もうひとつの社会学の方法論を新たに成立させた。

1 記号的世界

文化・社会・記号

文化（culture）は、耕す（colo）という言葉に由来しており、比喩的にいうと「耕されたもの」（cultura）が文化である。「耕されたもの」は、それが精神的（学問・思想・芸術等）、物質的（道具・装置・設備等）、あるいは制度的（慣習・モラル・法等）なものであれ、記号や象徴の体系として表出しており、文化は人間の何らかの価値の実現・達成である。それは耕す主体者である人間によって伝播され、人間の生活行為を規定する。つまり「文化は、行動の習慣となったり、シンボルによって伝達されたりするパターンを構成する。それゆえ文化体系は、一方では行為の所産として、また一方では、行為を規定する要素として考えられる」[1]。私たちは、自然に対する人為の所産である文化的な記号のなかで、その意味を読み取りながら生きている。私たちが自然のなかで生活する場合においても、その自然は、単なる物的対象ではなく、何らかの意味をもたらす、あるいは意味の見出される記号的対象である。

人間が社会の中で生きるということは、記号を媒介とするコミュニケーションにおいて存在するということにほかならない。コミュニケーションとは、「共通のもの」(communis)を分かち合うことであり、この共通のものを人間にもたらす媒体が記号である。ホモ・コムニカンスとしてのヒトは、この記号を解釈・解読することによって、人間としての様々な観念や感情を共有するようになる。

ミードの記号論は、複数行為者からなる社会的行動とくにコミュニケーション行為と密接である。コミュニケーションにおいて文化は伝播し社会は存続する。文化や社会は記号である。この事実は、私たちが、初めて異文化社会で生活する場合に感得されよう。そこでは、それまで私たちが所属した文化社会で通用したところの記号の解釈や理解の仕方は、まったく用をなさずに破綻する。異文化社会の人たちの言葉・身振り・表情・生活習慣・社会制度、さらには道具・事物・自然等々は、私たちにとってなんの脈絡もない個々バラバラの無意味・無価値な記号と化する。私たちがその異文化社会で生活するためには、それら諸記号の解釈や理解の仕方を改めて再編成しなければならない。その試みは、さしあたって言語というシンボル体系の学習ということになろう。

象徴（シンボル）

さてここで、記号と象徴（シンボル）についての機能的差異を見ていこう。記号は、私たちにA

（ある事物）をS（ある種の記号）で指示する、あるいは、私たちのB（行為）をS（ある種の記号）で指示する、という作用をもっている。この記号の指示作用は、SはAとして一義的に定まっているか、あるいはSはBとして行動を強く規制するものである。たとえば、それは、ある事態の前兆となっているか（雨雲《S》は雨《A》のきざし）、または直接的に何かの代理となっているか（H_2O《S》は水《A》の化学記号）であり、あるいは私たちの行動を規制する（信号の赤《S》は止れ《B》）ものである。ところが、象徴の指示作用は、記号ほどに一義的に定まっているものではなく、また記号ほどに行動を強く規制するものでもない。それは、私たちが「何かを何々として解釈する」というように主観的な解釈や解読を許容するものであり、そこに創造的な解釈や解読も可能となる。

イヌは記号に反応できるが、象徴の解釈や解読はできない。象徴の解釈や解読は、人間のいわば精神の次元のものといえよう。イヌに「オスワリ」とか「オテ」とか、その他の指示（令）に従うようにしつけることはできる。このようなイヌの反応は、条件反射に近いそれであり、記号は反応行動と直接に結びついている。しかし、象徴はこのような直接的反応を惹き起こすものではなく、解釈や解読と結びついている。

2　シンボリック相互行為論

ワトソンの行動主義心理学とその意味モデル

ミードの社会的行動主義は、ワトソン（J. B. Watson, 1878－1958）の提唱した行動主義心理学を批判することによって打ち出された。そこで、ひとまずワトソンの行動主義心理学の方法に言及しておこう。ワトソンは、ジェイムズやエンジェル（J. R. Angell, 1869－1939）等の標榜する内省法の心理学を否定した。内省法心理学は、自己の意識体験を「内部知覚」とか「自己知覚」とか「体験知覚」として観察・報告する手法をとる。これをワトソンは、誤謬に陥りやすい主観的な心理学として批判する。内省法心理学に対してワトソンは、客観法の心理学、つまり自然科学の一部門たりうる実験心理学の確立を目指した。この方法は、有名なパブロフ（I. P. Pavlov, 1849－1936）の条件反射説に依拠して、「刺激（stimulus）－反応（response）」という物理的図式、つまりS－R図式の観点から、単独個人の行動の説明をもって心の科学とするものであった。ワトソンは、行動を刺激に対する反応あるいは反射として捉え、すべての行動は、それが高等であろうと複雑であろうと、反射の集まりとして説明可能と考えるのである（第四章2節参照）。

ここで、意味モデルとしての条件反射説に触れておこう。人間が記号から何らかの意味を読み取るためには、アヴェロンの野生児ビクトルや狼少女アマラとカマラのように学習が必要である。彼らは「本」や「ペン」の記号と「ホンモノの本」や「ホンモノのペン」との対応を逐一覚えていった。この実例は学習を経験することによって、はじめてある種の刺激(「本」という音声記号)が指示対象(ホンモノの本)の代理となり、ホンモノの本を意味する記号となることを示している。このことの典型的実験としてパブロフの条件反射説がよく引き合いに出される。まずイヌに食物を与える際にブザーの音を聞かせる。これを繰り返すと、ブザー(条件刺激)が「無条件刺激」(ホンモノの食物)に繰り返し連合されて、イヌは次第にブザーの音が「ホンモノの食物」の代理であることを学習するようになる。その証拠に、イヌは「ホンモノの食物」がなくともブザーを聞くだけで唾液を分泌するようになるからである。この場合、ブザーは単なる物理的な刺激ではなく、「ホンモノの食物」を意味する記号となっているわけである。

以上のような条件反射説を支柱とするワトソンの行動心理学を、ミードは以下の理由によって批判する。ワトソンの行動主義心理学は、私たちの「精神」や「自我」を、条件反射とか生理学的メカニズムに還元する機械論に陥っている。また社会から切り離された単独個人の行動を人間行為と見なす誤謬を侵している。そこで、それに代わる方法として、社会的行動主義の心理学が提唱されたわけである。その際に重要なことは、ミードは、ワトソンの行動主義心理学に欠如するところの、人間行動についてのきわめて重要な概念を設定した。それらは、まず第一に「行為の四段階」、第二に「態度」（attitude）である。

行為の四段階

そこで、まず第一の「行為の四段階」（four stages of the act）について述べてみよう。人間を含めて生物体の行動は、生命の活動の維持や存続を目指して、何らかの目標（目的）を追求せざるをえない。生物体の行動は、環境への適応をベースとする何らかの有目的性を帯びている。ミードは、人間の有目的的な行動は、一般に「衝動」（impulse）→「知覚」（perception）→「操作」（manipulation）→「達成」（consummation）という四つの段階を経緯すると見なしている。(2)

この「行為の四段階」を概説しよう。「衝動」は、全ての生物体（人間）に備わる自然本能的もしくは動機的な活動源である。「知覚」は、衝動や欲求を充足するために、人間（生物体）が、視・聴・嗅・味・触等の感覚器官によって、刺激としての対象の特性を選択識別する過程である。「操作」は直接的には手によって対象を操作することであるが、間接的にはある目的の実現・達成を目指す手段的な行為の過程であり、概念を思考のレベルにおいて操作することでもある。「達成」は、衝動や欲求の充足、つまり行為の目的の実現・達成の段階である。なお、モリスは、ミードの行為の四段階を彼の行動的記号学に活用して「目標（目的）追求行動」（goal-seeking behavior）と把捉した（この点は次章で述べる）。

態度

次に第二の「態度」の概念について述べよう。態度とは、生物体（人間）が、生命活動の維持と存続を目指して、環境のなかから刺激を選択しながら環境に適応するための、「行動のはじまり（端初）」（the beginning of the act）であり、「行動の内側」（inside of the act）であり、また行動の準備状態とも換言できよう。ミードは、すべての行動する生物体が保有する態度、これが人間と人間との相互行為・コミュニケーション過程を経緯する限りにおいて精神や自我として出現・形成するのではないか、と着目した。すなわち「身振り」（gesture）や「音声身振り」（vocal gesture）、さらに「象徴」（symbol）を媒介にする相互行為によって、これらが相互の行為者に刺激や反応となる場合、個人の成長において、態度は精神や自我として形成されてくるのではないか、と着想したわけである。

音声身振り

まず、身体的動作や音声の形態をとる身振りの相互行為について述べてみよう。動物どうしの身振り（振舞い）の往復は、無意味なそれと一応いえよう。動物どうしの身振り（振舞い）の往復は、「有意味シンボル」（significant symbol）を使用する高度に発展した人間の相互行為、つまりコミュニケーションと進化的にはおそらく不連続なものではなかろう。しかし、動物どうしの身振りの往復は、むしろ既述した内的態度を媒介にしない「反射的」（reflective）なものといってよい。つまり、動物の身振りの往復のそれは、パブロフやワトソンがいったところの反射行動に近い、ということができる。

ミードは、様々な身振りのなかでも、とりわけ、内的態度を媒介にした音声身振りを重視して、相互行為の過程に、人間の有意味シンボル、とくに言語の発生を見い出す。というのも、ミードによると、「人間の行うあらゆる身振り（振舞い）のなかで、音声身振りこそ、他人に影響するように本人に影響する基礎的身振り」(3)だからである。これに対して、身体的動作としての身振り（振舞い）は、あまり有効な有意味シンボルとして成立しえない。その理由は、たとえば野球の選手がフォームの矯正に、あるいは役者が演技の練習に鏡を必要とするように、基本的に、身振りをしている当のその人が、自分の身振りを直接的に知覚して反省することが困難なしくみにあるからである。

反省

音声身振りは、発声（話）者の聴覚を介して、その発声（話）する当のその人の内的態度（構え）において、「反省」（reflection）させることができる。たとえば、個人Aの音声身振りは、Bにも聞こえると同様に、その当のA自身も、自らの音声を知覚して反省的に聞くことができる。つまり、個人A（＝B）の外的行動（身振り・音声身振り）が、個人B（＝A）に対して刺激（＝反応）である場合、それは同様に個人A（＝B）の内的態度においても刺激（＝反応）である。[4] このようなしくみの相互行為の過程のなかから、AとBに共通反応を惹き起こしえる有意味シンボルが、成立するようになる。その一つの典型が、言葉（言語）なのである。

意味モデル

ここで、ミードの意味モデルの大要を把握しよう。意味発生の基盤は、（1）「ある個人Aの身振り」、（2）「Aに対する他の個人Bの反応的身振り」、（3）「AとBの身振りを端初とする社会的相互行為の結果」、という三つの関係のうちに見いだされる。この場合、Aの身振りの「意味」は、Bの反応（response）となる。[5] 動物の場合は、みずからの身振りが相手に惹き起こす反応（意味）を、自分自身のうちに惹き起こすことはない。しかし、人間の場合、Aの身振りの「意味」であるBの反応は、身振りしている当の個人Aの内面においても惹き起こされている。このような相互行為の反復過程によって、Aの身振りは「有意味シンボル」として形成されてくる。「有意味シンボル」（とくに言語）とは、ある対象を他者と同様に自分自身にも指示するものである。[6]

3　シンボリック相互行為のドラマ的構造

行為のドラマ性の削除

ダンカンは、ミードのシンボリック相互行為論にドラマ性を見出すことによってドラマトゥルギーという社会学方法論を打ち出した。この方法論は、社会学における機械論的実証主義を批判する。

「ドラマ」（drama）とは、ギリシア語源によると「行われること（行われたこと）」（dromenon, ドローメノン）、つまり人間の「行為」を本来的に意味するものである。この行為の表現する生々しいドラマは、近代科学の進展、とくにコント（A. Comte, 1798－1857）以降の実証主義によって除去されつつある。このドラマの削除が問題である。なぜなら実証主義は行為を物理的対象と同様のアプローチの射程に据え置くからである。そこでは、ドラマ的行為は消滅し、無目的・無意味・無価値な行為が慣性的に運動するのみである。つまりは、行為は機械運動として説明されることになる。

実証主義

社会学の分野でいえば、そこにおける実証主義は、いわゆる多変項的な命題の形で述べられるような「社会の自然科学」(natural science of society) を指向する。そこでは、自然科学的（物理学的）概念――エネルギー、力、パターン、フィードバック、構造化、ホメオスタシス、均衡等々――に依拠して、因果決定論的に人間行為、さらにはその動機の説明も企図されている。

ここでまず、ギデンズ（A. Giddens, 1938－ ）の実証主義についての定義を確認しよう。そして次に、これとは対立的にドラマ的行為を浮彫りにしてみたい。(7)

（1）自然科学の方法論的手続きは、社会学にも直接に適用可能である。社会的行為は、自然界の対象と同様の対象として取り扱うことができる。

（2）社会学的探究の結果は、自然科学の場合の探究の結果と同じ用語で定式化することができる。

（3）社会学は、自然科学と同様に、価値については中立的（neutral）である。

以上の三点を首肯する方法的態度、すなわち実証主義の観点から、行為は機械論的に捉えられてくる。

ドラマ的行為

ドラマ的行為へのアプローチは、以上の三点それぞれの否定をその方法的基盤とする。つまり、述部に着眼していえば次のとおりである。

（1）自然科学の方法論的手続きは、社会学には直接に**適用不可能**である。社会的行為は、自然界の対象と同様の対象として**取り扱うことができない**。

（2）社会学的探究の結果は、自然科学の場合の探究の結果と同じ用語で**定式化することができない**。

（3）社会学は、自然科学と同様に、価値については**中立的でありえない**。

以上の諸点から、ドラマ的行為へのアプローチの方法的基盤は、その大要を次のように確認することができる。ドラマ的行為は、自然科学の方法論的手続きの適用不可能な独立した対象であり、自然科学の用語とは別の独自の用語で価値関係的にアプローチされる。

さて、"Person"（人間・人格）というこの語そのものが、何よりも雄弁にドラマ的行為をもの語っているのではなかろうか。Person（人間・人格）は、元来ペルソナ（Persona）、つまり仮面やマスクを意味しており、それに伴って「役割（役柄）」（role）とも密接に関わりをもっている。換言すると、Person（人間・人格）は、仮面やマスクを身に付けながら、ある役割（役柄）を「演じる」（ドレイン、dran）こと、そういう人間存在を示唆している。このような行為者・演技者・俳優、つまりアクター（actor）が人間（人格）なのである。

「行われること（行われたこと）」を観る者、つまりドラマを「観る者」（テオーリア、theoria）は、そこに真理を見いだす者であり、「理論」（theory）は「劇場」（theatre）から出自する。このことは、行為の理論とは、その行為のドラマ化によって可能になることを示唆している。「全世界は劇場である」（Totus Mundus Agit Historionem）(8) とはシェイクスピアの名言であるが、人間は世界劇場において舞台に立ち、ドラマを「演じる者」としての俳優であり、共演者であり、またドラマを「観る者」でもある。すなわち、私たちはドラマを演じる者であり、またドラマを観る者でもある。さらに、私個人に限っても、私は私自身に対して演じる者であり、また演じる自分を観る者でもある。私は私自身との関わりにおいてもドラマ的存在である。

社会ドラマ論

「シンボリック相互行為論」（symbolic interactionism）は、エスノメソドロジー、現象学的社会学とともに、近年の社会学方法論の主要潮流となっている。この方法論はブルーマー（H. Blumer, 1900－1987）によって理論整備され命名されたが、その観念の源泉はミードの社会的行動論のうちにある。ところで、種々多様なるシンボリック相互行為論の展開のなかにあって、ミードからダンカンへと継承発展されるそれは、社会ドラマ論として結実する点において、異彩を放つものである。まずは両者の接点を、ダンカンの言明に確認しておきたい。

「行為に関する二つの原初的な考えがアメリカ社会学の中で生まれた。その一つはミードの仕事から出てきたもので、その社会統合のモデルはゲームからとられていた。第二のものはバークの仕事に源を発するもので、彼は社会関係がドラマ的であることを教えた」(9)（傍点引用者）。

以上から管見できるように、ダンカンの社会ドラマ論の根幹は、ミードの「ゲーム」であり、さらにバーク（K. Burke, 1897–1993）の「ドラマ」にも通じている。

ミードは、「役割」（role）に基づきながら、記号ないしシンボル（symbol）を媒介とする諸個人間の相互行為、コミュニケーション過程に注目する。ミードのシンボリック相互行為論は、ワトソンの行動主義批判によって提示された。ワトソンの行動主義は、単独個体の行動を無目的な機械としてアプローチの対象とする。以上のような批判見地から、ミードは、ワトソンが研究対象の埒外においたところの行動の準備状態、つまり「行動の内側」「行動のはじまり（端初）」を重視して、それらの概念を「態度」（attitude）として把捉した。

ドラマ的自我

この態度は、役割に基づき、シンボルを媒介とする諸個人間の相互行為、コミュニケーション過程を経験する限りにおいて、「精神」や「自我」として出現・形成する。すなわち、身振り（gesture）

や音声身振り（vocal gesture）、さらにはより高次の「シンボル」を媒介とする相互行為、コミュニケーション過程を経験することによって、これらが相互の行為者にとって刺激や反応となる場合、態度は精神や自我と成るのである。

社会過程において、有意味シンボルを活用すること、他者の役割を自己に移入し内面化しつつ自己の役割を演じること、このような行為の過程が、主として「プレイ（遊戯）」（play）や「ゲーム」（game）、さらには「コミュニティ（共同体）」（community）である。プレイは、半ば空想的な「ごっこ遊び」であるが、より一層組織的であるゲームには、一定の明確なルールや約束がある。野球のゲームの場合、九つに役割配置される各メンバー一人一人は、ボールの行方にともなう他者の役割を起点とする反応的態度を「一般化された他者」として、予め自分自身の態度のうちに採用しなければならない。このように自分の態度を維持しながら、自分のポジションの役割を、他者の役割に適合的に応答しつつ、充分に演じきらなければならない。このような統合的行為のうちにゲームは進行する。プレイやゲームやコミュニティにおける「共同行為」（co-operative activity）への参加によって、私たちの他者理解や他者への共感、そして共存意識が深められる。これらの過程における行為は、「シンボルを活用しつつ、役割を演じるが故にこそ、自動機械（オートマトン）ではない」(10)。つまり、機械的行為に還元されないところのドラマ的行為が演じられている。そして、この過程のドラマを経験することによって、個人は社会的な自我となるのである。

「同じ社会に属している他の個人たちとの間における、かれの相互行為の主要な様式を構成している有意味身振り（significant gesture）による外面的な対話を、その個人が内面化して、内面でドラマ化（dramatization）しているものが、自我の発生と発展の一番最初に経験される段階である。[11]」（傍点引用者）。

ミードのこの陳述から明らかなように、自我は、個人が役割を起点とする他者の態度を、個々別々ではなく、まとまりのある組織化されたもの、つまり「一般化された他者」（the generalized other）の態度として、自己の態度のうちに取得することによって形成される。それはまた、社会的ルールや制度や価値を自己の態度に内面化するところの契機でもある。自我は、「実体というより、身振り会話が生物体の内部に内面化されてきた過程[12]」である。さらに、自我は「客観的自我」（the Me）と「主観的自我」（the I）との側面からなる機能である。客観的自我は、私を社会や他者の立場、観点から見て、その期待に応えるように演じている私である。主観的自我は、生物体としての不定形な衝動的行動となるところの私である。そして、この客観的自我と主観的自我の二側面の内的コミュニケーションから成り立つのが自我である。自我とは、社会的自我なのである。

近代的自我は、デカルトが『方法序説』（Discours de la méthode, 1637）で提示したように、「我思う、故に我あり」の第一原理を出発点とした。この近代的自我は、感覚的経験を否定し去る方法的懐疑の徹底を通して、理性的直観によって認識された「思惟するもの」としての私であった。ここに定立された私とは、社会や他者とは何の関わりもない純粋思惟としての私である。また自然や物体や身体とも一切没交渉の私であり、およそ生命や生活の現実的営為とは、かけ離れた私なのである。ミードはこのような精神と物体、人間と自然、心と物の二元論的分離に根ざす自我を否定したのである。

4　社会ドラマのモデル

シンボルの社会性

ミードのシンボリック相互行為論にドラマ的性格を洞察したのがバークでありダンカンであった。ミードがプレイ、ゲーム、共同行為等に着目しながら説きおこすシンボリック相互行為論は、「自己－他者相互行為」であるとともに、それはまた「演者－観者相互行為」でもある。有意味シンボルを活用しながら、それぞれの役割を起点にして相互にコミュニケートしあう人間行為は、「社会ドラマ」（socio-drama）を演じている。ダンカンの主張するシンボルの社会性、公共性は以下のように要約できる。

（1）それ（シンボル）はミードの所説と同様に、「他者におけるのと同じ意味を自己の中にも呼びおこすようなものである[13]」。
（2）それは「表現の社会的形態をとっているが故に客観的なもの[14]」である。
（3）それは「社会関係の意味に関する直接観察可能なデータ[15]」である。

人間が社会的に存在することは、シンボルを創出し、それを活用するコミュニケーターであることにほかならない。したがって、社会学はコミュニケーション論をその依って立つ基盤としなければならない。それは、「社会は有意味シンボルのコミュニケーションにおいて生起し、それを通じて存続する[16]」からである。したがって、社会学の担う主要課題は、「シンボルが社会関係の中に秩序を達成するためにどのように機能するのか[17]」という点にある。こうして、社会学における研究の素材は、「人びとが、コミュニケーションにおいて、社会的な役割を果たすために用いる種々のシンボリックな表出[18]」となるのである。

ペンタド

ダンカンの「社会」とは、内容的にミードの「ゲーム」における秩序ある統合的行為をモデルとしている。「ミードは、演劇、ゲームそして身振り会語を行為のモデルとして提示したが、バークの「劇モデルは、より包括的であり、またはるかに明晰である[19]」とダンカンは指摘する。バークの「劇モデル」(dramastic model)[20]を雛型にして、ダンカンは次のような社会ドラマのモデルを提示する(図を参照されたい、〈 〉はバークのモデルである)。

(1)行為が生起する「舞台」(stage)あるいは「状況」(situation)。これは人間の空間的時間的な関係である。

(2)集団生活の秩序を維持する上で適切と考えられる「行為」(act)。

(3)社会的機能を具体化する社会的「役割」(role)。これは、共同体のなかで創造され維持される。

(4)行為のなかで使用される表現の「諸手段」(means)。これは、人々が役割を保持するために用いられる。

(5)社会秩序を創造し、そして維持すると考えられている「目的、目標、あるいは価値」(ends, goals, or values)。これは社会秩序の正当性の原理でもある。

社会的行為の構造は、以上のように、舞台、行為、役割、手段、目的から成立する。[21]社会的行為はこれらの「ペンタド(五要素一組)」(pentad)、つまり五要素の統合的観点から、理解され説明されるべきである。したがって、人間行為は、物理的対象としての「運動」と「位置」ではなく、むしろ社会的対象として、「舞台」(いつどこで)、「役割」(どの配役が)、「目的」(なんのために)、「手段」(いかに)、「行為」(する)のか、という観点から眺められるべき対象なのである。

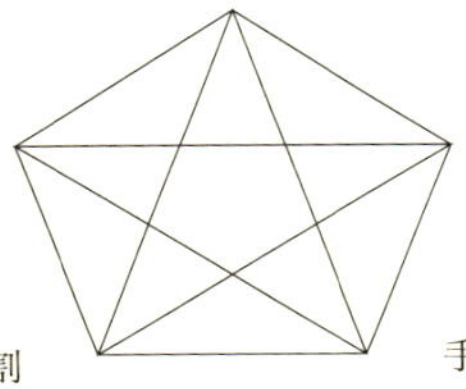

動機の文法

ダンカンはこれらのペンタドの関係に人間行為の動機が認められるとして、動機の文法と称するわけである。ペンタドは、あらゆる行為に必然的に含まれているが、行為の展開においてその五つの関係の比重は変わりうる。その変移につれて「行われる（た）こと」の意味も変わることになる。たとえば、場面の比重が強調されると、「行われる（た）こと」は唯物論的な自然の運動に近似的となり物理的事態とみなされる。ここには、近代科学に特有な運動としての行為が設定されてしまう。これとは逆に、行為者（主体）の比重がクローズアップされると、「行われる（た）こと」は観念論的な自由意志として説明されることになる。避けるべきは、これらの動機の一要因のみに固執して、「行われる（た）こと」を一元的原理に抽象還元することである。

動機の問題をめぐって、従来とくに二つの顕著な主張があった。ひとつは、自然科学的な因果系列の適用によって動機を説明する

「決定論」、もうひとつは、自由意志を拠り所として、それ故に責任と義務を行為者個人に課する近代個人主義を支える「自由意志論」である。これらとは別の独自の視点をダンカンのドラマティズムは提示したと見なしうる。

この観点に基づくと、「形式においてドラマ的であり、内容において社会的である」[22]（傍点引用者）ところの典型的社会ドラマが、「演劇」（drama）を除いて六種類見いだされる。それらは、「遊び」（play）、「ゲーム」（game）、「パーティ」（party）、「祭」（festival）、「儀式」（ceremony）、「儀礼」（rite）である。[23] 前者四つが人間の「共存的感情」（collective sentiments）の発現表出であり、後者の儀礼と儀式は、それの抑制固定化である。儀式は、社会秩序のために必要とされる社会的役割の威厳と荘厳を維持する試みである。また、儀礼は、超自然的諸力とのコミュニケーションである。

ダンカンは、さらに五要素の組み合わせの十対を、ペンタドの比率、つまり「レシオ」（ratio）として以下のとおり掲げている。[24]（1）「舞台―行為」（2）「舞台―役割」（3）「舞台―手段」（4）「舞台―目的」（5）「行為―目的」（6）「行為―役割」（7）「行為―手段」（8）「役割―目的」（9）「役割―手段」（10）「手段―目的」。

これらは、演劇はもとより、遊戯、ゲーム、パーティ、祭、儀式、儀礼において、相互に内在的に緊密に結び合っている。ドラマ的世界は、ペンタドの結合の最小単位である十対のレシオから成り立つ。ドラマ的行為は、既述のレシオの順で（1）、（5）、（6）、（7）が示すように、「いつどこでする」「なんのためにする」「どの配役がする」「いかにする」という濃密希薄な結合関係のうちに発現し展開する。

5　社会秩序とシンボル

コミュニケーションの三特性

コミュニケーターとしての人間は、自らの行為が、いかなる反応を観者（観衆）（audience）に惹き起こすのか、を意識するところの演者である。その点において、ゴフマン（E. Goffman, 1922－1982）もいうように、人間は誰しも「印象の演出者」なのである。広く捉えると、この観衆には五つの類型がある。それらは、（1）一般的大衆（They）、（2）共同体の保持者（We）、（3）重要な他者（Thou）――これは個人に内面化されたときにthe "Me" となる――、（4）独白として、自分自身に話しかける自我（"Me" に話しかける "I"）、（5）社会秩序の究極の源泉として語りかける理念的観衆（神・価値体系など）（It）である。[25] ダンカンは、コミュニケーションの演者－観者関係の側面に着目して、ミードよりも広い社会的脈格から、ペンタドと五つのコミュニケーター（They, Thou, We, I, It）を掲げている。さらに、ミードが発見しえなかったところの以下の三点を強調する点において特徴的である。それは、コミュニケーションの（1）「形式」（form）であり、（2）「ハイアラーカル関係」(hierarchal relation) であり、(3)「コートシップ」(courtship) である。

まず、(1)の「形式」とは、シンボルによって、何が(内容)コミュニケートされるかではなく、むしろいかに(形式・型・スタイル)コミュニケートされるか、ということの重視である。コミュニケーションは、冠婚葬祭に典型的に見られるように、内容よりもむしろ形式・型・スタイルによってより一層可能になる。それと同様に、日常社会においても、いかに出会い、いかに話し、いかに食べかつ飲み、いかに笑い、いかに別れるか、このような「いかに」、つまり「形式」そのものが、コミュニケーションの適否を強く規定している。このことは、私たちが初めて異文化社会に身を置くとき、如実に感得されよう。そこでは私たちは、無数といっていいほどの「いかに」、つまり文化社会的な行為形式の学習に迫られる。コミュニケーションにおいては、この形式・型・スタイルを通して、その内容が理解される。したがって、「社会関係の中で、何を(内容)行うかは、それをいかに(形式)行うかによって規定される」[26]のである。

次に、コミュニケーションにおける「ハイアラーカル関係」である。社会は、現実として、年齢、性別、家系、能力、財産、権威等によるランク分化を構造的にもっている。行為者は、そのようなハイアラーカルな位置関係において、「優位者」(superiors)、「劣位者」(inferiors)、そして「同位者」(equals) の立場からコミュニケートすることになる。[27]

以上のようなコミュニケーションにおける形式およびハイアラーカル関係に着目すると、コートシップが当然に機能することになる。それは、優位者、劣位者、同位者等のヒエラルキーに相応する表現の仕方（語し方、振舞い方）であり、優劣者間における支配と服従の、そして同位者間における対等の話し方・振舞い方である。

社会秩序の創出

社会の無秩序（葛藤状況）は、このコミュニケーションの形式、ハイアラーカル関係、コートシップの破綻に起因する。その場合、既述した五類型の観衆は、互いに社会秩序の回復をめぐって対立拮抗する。究極的には儀礼ドラマ（ritual drama）によって、その葛藤がシンボル的に解決され、新しい社会秩序が創出される。

社会秩序を創出せしめるドラマの形態には、スケープゴートあるいは「生《いけ》にえ」（victimage）が要請される。それは、コミュニケーションの形式やヒエラルキー関係やコートシップを破壊する異端分子であり、つまり社会秩序を侵犯する悪である（でなければならない）。そして、社会秩序を代表する正義の体現者によって処罰され打倒される。このような浄化（catharsis）あるいは清め（purification）を通して、再び社会秩序が新しいヒエラルキー構造とともに創出される。そこには犠牲の苦しみと死がある。このような犠牲の儀礼ドラマは、古代あるいは未開社会の宗教的儀礼にのみ限られるものではない。それは人間の日常社会の現実にまで貫徹するところの、ダンカンの言葉をかりると、普遍的な「超越的原理」（transcendent principle）なのである。逆にいうと、社会は、犠牲者ないし生にえ（敵、非国民、賤民、反逆者等）を、その秩序創出のために必要とするが故に、犠牲の社会ドラマが進行する。ナチスによるユダヤ人の殺戮は、二〇世紀の大規模な悲劇の犠牲のドラマであった。そして「生にえづくり」（victimatization）は、日常社会の様々な局面に垣間見られるのである。

ダンカンは、シンボリックな相互行為のドラマ的構造をペンタドによって示し、そこに社会秩序を創出するための儀礼ドラマ、つまり罪の設定と生にえによる社会救済のドラマを見るのである。世界は悲劇のドラマに満ちている。こうして、行為があればドラマがあり、ドラマがあれば葛藤があり、葛藤があれば犠牲がある。(If action, then drama, if drama, then conflict, if conflict, then victimage.)(28)

まとめ

ミードのシンボリック相互行為論は、自我の社会的形成の説明に主たる眼目があった。一方、ダンカンのドラマトゥルギーは、社会の秩序、統合を解明するための理論である。両者の方法論は、批判対象の違いこそあれ、機械論的実証主義批判という共通基盤に立脚している。すなわち、ミードはワトソンの行動主義心理学を、ダンカンはパーソンズ（Talcott Parsons, 1902－1979）に代表される構造機能主義をハーバード・メカニスツ（Harvard Mechanists）として総括的に批判するわけである。ミードのシンボリック相互行為論からダンカンのドラマトゥルギーへの展開、そこには、ある特徴的なコミュニケーション論が内含されている。これを「ドラマ的コミュニケーション論」として、ここに把捉しておきたい。それは、機械モデルではなく、人間モデルから人間コミュニケーションを捉える試みである。ある場面（状況）において、役割を担う個人AとBが有目的的にシンボル（身振り、音声身振り、言葉）を媒介手段としてコミュニケートする（行為）。この場合、AとBとのコミュニケーションは、自己－他者関係であるとともに、また演者－観者関係でもある。

ドラマ的コミュニケーション論の批判的対象は、人間行為を物理的運動つまりMotionと規定する機械論的実証主義である。このような実証主義の方法論に設定される社会的行為、それは慣性的に運動する物の説明となって、シンボルとドラマは消滅する。ミード、バーク、ダンカンにとって、社会的行為とはActionであり、そこにシンボルの、またドラマの現出する可能性が開示される。こうして、ドラマ的コミュニケーション論は、実証主義が等閑視するところの、社会的行為における生の表現の解釈を指向する。

現代はマルチ・メディア型コミュニケーションの時代となっている。しかし、それを創出し作動させるのはまぎれもなく人間の意図や目的なのである。それ故、機械モデルではなく、人間モデルの、すなわちドラマ的コミュニケーションが先行的に重要なものとして設定されなければならない。

第六章　モリスの記号学——行動的記号学

モリス（C. W. Morris 1901－1979）の記号学は、パース、デューイ、ミードの記号学（論）の継承発展であり、それらの集大成である。すなわち、パースの三項関係の記号学、デューイの道具的記号論、そしてミードの目標追求行動論（行為の四段階説）等が引き受けられる。これら諸理論にモリスなりの研究を加えて、モリスは「行動（学）的記号学」（behavioral semiotic）を打ち出した。また、デューイ、ミードの行動主義心理学批判も継承しつつ、トールマン（E. C. Tolman 1886－1959）、オスグッド等の新行動主義の進展に注目し続けた。さらに、統一科学運動の新気運のなかで、諸科学の基礎学としての記号学の確立を試みた。モリスの行動的記号学における「意味」は広い。そこには指示的意味と価値的意味がある。

1　意味の二重性

人生の道

まずモリスの著作をここに提示することによって、本章の主旨を述べることにする。モリスの記号学に関する著作は、（1）『記号理論の基礎』（Foundations of the Theory of Signs, 1943）、（2）『記号と言語と行動』（Signs, Language, and Behavior, 1945）、（3）“Signification and Significance”（意味と意義、一九六九）がある。従来、モリスの記号学は、ほとんど（1）と（2）を主文献として研究されてきた。本章では、従来とは別のアプローチの視点に立って、とくに（3）の著作に着目することによって、モリスの記号学の再発見再評価を試みたい。さらに加えて、従来記号学の文献としては認められなかった『人生の道』（Path of Life, 1942）も取りあげよう。というのも、この著作は、モリス記号学を体系的に整備し補充するものと見て取れるからである。

統一科学運動の担い手であり、記号学の推進者モリスは、ミロク（弥勒）の到来を祈念しつつ『人生の道』を世に出した。この著は、モリスその人自身の仏教的諦観の実生活とも相まって、「神秘主義」との評価を受け、記号学の分野においてはまったく等閑にふされてきた。とはいえ、たとえば次のような好意的紹介があるのもまた事実である。

「実際、モリスさんは名著『人生の道』の中で、そのようなミロク（弥勒）道の理想を声高らかに唱えている。しかし、アメリカの科学哲学界は、このことを有名な『記号と言語と行動』の著者の神秘主義への転向と嘆いているかのようである。はたしてそれでよいものであろうか(1)」。

ところで、記号の意味の解釈とは、究極として、その当の解釈者自身の人間としての「存在」の意味を問うことに逢着するのではないか。したがって、モリスの仏教に寄せる信奉とは、モリスの記号学と密接なる関係のうちにあり、すなわち、それは、モリスによるモリスその人自身の存在の「意味づけ」なのではないか。

人間はその生きる現実の中に意味を探求する。デューイもいうように、現実とは物理的自然や物の世界ではなく、意味を担い意味を帯びた記号の世界である。その記号的世界のなかにあって、私たちは、その意味を解釈しながら、意味に泣き、笑い、怒り、意味を恐れる。また意味のために生き続け、ときには、死に意味を見いだすのである。まさしく「意味」（meaning）を把捉するところの、また意味（記号）を創出するところの存在、それが人間である。

意味と価値

ところで、意味の研究は、ときとしてそれが観察不可能、対象化不可能の故に、はなはだ困難とされてきた。その理由は結局、意味には、いわば「精神」や「心」や「魂」が付着するからであり、それに加えて意味は「価値」ともなりうるからである。したがって意味の「意味」は錯綜し、神秘のベールに閉ざされてしまうことになる。このことを、私たちの日常生活の卑近な例から確認してみよう。（1）♂、☎、〒、H_2O（2）自由の女神（ホンモノの像を想起されたい）、（3）No More Hiroshima、（4）人生。以上の記号から意味を解釈すると、意味は、（2）、（3）、（4）において価値に接近する。このように人間的事象に意味が抵触するにつれて、評価なり価値が不可避的に介入する。「人生」に至っては、人生の「意味＝価値」というように、意味は価値と同義となる。このことは、（1）の約定的な使用価値とは別の次元にある。

「No More Hiroshimaの意味は何か」と質問されたら、いかに答えればよいのか。たんに、その意味は「広島を繰り返さない」とか「広島はごめんだ」という辞書的な答えでは、意は尽くされていない。むしろ非辞書的に、「原爆を許さない決意」とか「世界平和への願い」のように、私たち日本人の心なり精神なり魂を強固にしっかりと含意させた答えのほうが、より真意に近いのである。そして無論のこと、「原爆を許さない決意」「世界平和への願い」は、私たちの心からの決意であり、願いであり、そして価値観念でもある。つまり、No More Hiroshimaは、辞書的意味と価値的意味の二重性をもっている。同じように、「人生」の意味に至っては、「人がこの世で生きること」「人がこの世で生きている間」（『広辞苑』より）という辞書的意味の他に、自分自身のこととして、各人各様に意味づけられるところの「人生の意味（＝価値）」がある。以上のように、記号のすべてではないが、ある種の記号の意味は、価値と相即不離である。モリスの記号学は、著書“Signification and Significance”に表明されるように、この「意味」（meaning）の二重性に着目することによって構築されている。

モリスは主張する、「こうして、私たちが人生（life）の意味（meaning）とは何かと問うならば、私たちは、人生という語の意味（meaning）についてたずねているのか、あるいは、生きること（living）の意味（meaning）ないし価値（value）について問うのか、もしくはそれら双方をたずねているのである(2)」。そこでまず、このmeaningの二重性、すなわちsignificationとsignificanceの概念を明瞭化しなければならない。

価値的意味

モリスは、“Signification and Significance”において、meaningを「一般的意味」として、またsignificationを「指示的意味」（辞書的意味）と捉え、significanceを「価値的意味」と把捉する。その理由は、この著のサブタイトルが“A Study of the Relations of Signs and Values”（記号と価値の関係の研究）であり、significationに記号（sign）が対応すると目されるからである。またモリスは、significanceを価値（value）として、しばしば言い換えるからである。これら三つのタームを関連的に把握すると、「意味」（meaning）は、記号（sign）から、「解釈者」（interpreter）が解釈するところのうちにあり、そのmeaningは、「指示的意味」（signification）と「価値的意味」（significance）の二重性を有するのである。したがってモリスは言う、「意味（meaning）には、以下のような立脚点がある。つまり、何かを「意味する（signify）もの」としてのそれであり、また「意味づけられるもの」（what is signified）ないしは「価値的意味」（significance）である[3]」。つまりmeaningは、significationとsignificanceを内包するところのそれであり、指示的意味から価値的意味までを包含する一般的意味がmeaningである。

2　指示的意味

記号行動

「指示的意味」（signification）は、古代ギリシアのsemeiotike以来の記号学（論）（semiotics）の主たる研究対象である。記号学を、自然学、倫理学と並ぶ第三番目の学として提唱したロックは、「言葉の表わす観念こそ、言葉の本来の直接的な指示的意味（signification）である[4]」と言明する。

ロックにとって、記号とはほぼ言葉であり、それは直接的に事物を指示するものではなく、白紙の心に刻まれて生まれてくる観念を指示する記号である（第一章3節参照）。それ以降、「意味の三角形」（象徴言語－思想（指向的意味）－指示対象）を唱えるオグデン（C. K. Ogden, 1889－1957）とリチャーズ（I. A. Richards, 1893－1979）や記号学を提唱したパースにとっても、さらにモリスは無論のこと、この「指示的意味」を経験的ないしは科学的にアプローチすることが共通の課題であった。

モリスは、ミードの主要概念、つまり「行為の四段階説」と「態度」を彼の行動的記号学に採用する（第五章2節参照）。とりわけモリスの記号学は、記号の解釈者を目的（価値）を追求するところの生物体（人間）と把捉する点において特徴的である。「目標追求行動をコントロールしているものは記号である。それゆえ、記号がコントロールしている目標追求行動（goal-seeking behavior）は記号行動（sign behavior）とよばれる[5]」。モリスは目標追求行動と記号を密接な相互関係のうちに捉えている。

記号過程

記号の意味は以下の五要因の相互関係から可能になる。それは「記号過程」（semiosis, sign process）と名づけられる[6]。

（1）「記号媒体（記号）」（sign-vehicleあるいはsign）：意味を担う記号として作用する物理的刺激、たとえば身振りや音声や文字等々。

（2）「解釈者」（interpreter）：記号を解釈する生物体、人間。

（3）「解釈傾向」（interpretant）：記号が原因となって、解釈者に生ずるある一定の仕方の行動、もしくは行動しようとする傾向。

（4）「指示的意味」（significationあるいはdenotatum）：記号媒体によって指示される事物。

（5）「脈絡」（contextあるいはsignificatum）：意味が表われる条件や状況。

この記号過程における五要因の関係を、モリス自身のあげる三つの具体例に依拠して、浮彫りにしてみたい。

①最初にフリッシュ（K. von Frisch, 1886－1982）が発見したミツバチのダンスである。蜜を見つけたハチは、帰巣の途中、他の仲間のハチに、その蜜の在処（ありか）を指示するために、ある独特の身振りの「はちの字ダンス」をする。この場合、ダンスは記号であり、それに刺激される仲間のハチ、すなわち解釈者には、ある一定の仕方の反応としての行動傾向つまり解釈傾向が惹き起こされる。その解釈者のハチが目指すところの蜜が記号としてのダンスの指示的意味である。ダンスの行われた地点から巣箱までの位置等の条件が脈絡である。(7)

②もう一例は、ブザーが鳴りその後に食物にありつくように訓練されたイヌがいる。そのイヌは

解釈者であり、ブザーの音は記号である。ブザーが鳴るとき、一定の仕方で食物を探すイヌの反応としての行動傾向が解釈傾向であり、イヌに生じる反応系列（よだれを出すこと、鼻をくんくんならすこと、餌をさがすこと、食べること等）を完了させるところの食物がブザーの音の指示的意味である。所定の場所にある、捕食可能である等の条件が脈絡である。(8)

③ドライバーが、運転中に、ある地点で「土砂崩れだぞ！」と誰かから聞いたとする。音声「土砂崩れだぞ！」は記号、運転手は解釈者、彼の土砂崩れを回避しようとする反応としての行動傾向、もしくは行動しようとする傾向が解釈傾向であり、土砂崩れが記号の指示的意味である。土砂崩れという出来事を可能にする等の条件が脈絡である。(9)

以上の諸点から、記号過程は、以下の五要因の関係として認められる。記号（ダンスの身振り、ブザーの音、「土砂崩れだぞ！」の音声）は、解釈者（ハチ、イヌ、ドライバー）に、それぞれの表示条件のもとにおいて、ある一定の仕方の行動傾向ないしは行動しようとする傾向、つまり解釈傾向（蜜を目指す、食物を目指す、土砂崩れを避ける）を引き起こす故に、指示的意味（蜜、食物、土砂崩れ）となる。このように把握することによって、「指示的意味についての神秘は何もない」(10)のである。

モリスの記号行動論には特に二つの強調点がある。第一に、目標（目的）追求行動をする解釈者（ハチ、イヌ、ドライバー）にとって、記号は有意味的にも有価値的にもなる。第二に、ホンモノ

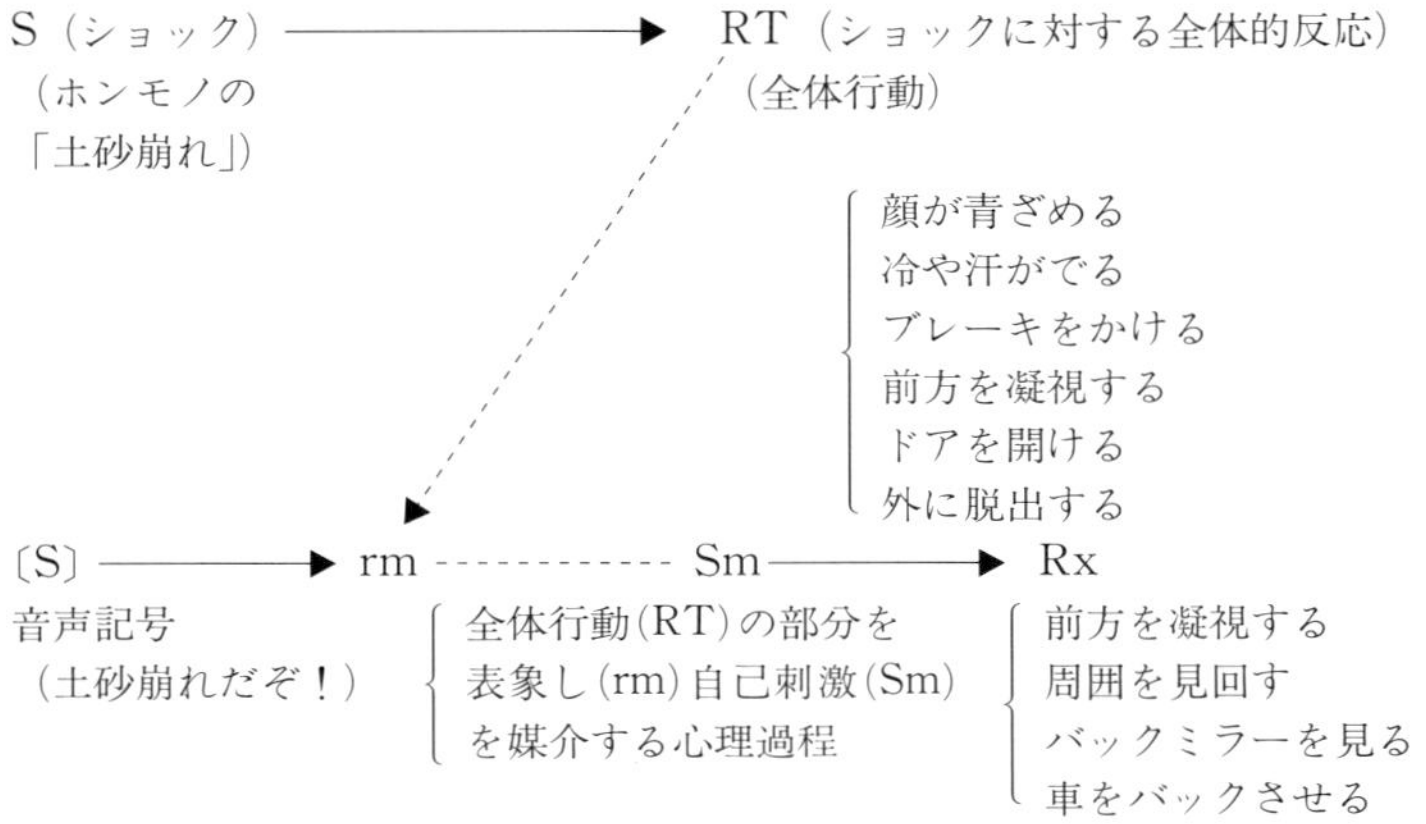

図1

の対象（蜜、食物、土砂崩れ）が恒常的に現存する必要はない。たとえば、まったく食物が存在しない場合でも、イヌはブザーの音に反応するようになる。また通報者がドライバーに嘘をつき、土砂崩れが実際に起きていなくてもよい。要するに、あたかも現存すると同様に反応する行動傾向、もしくは行動しようとする傾向を惹起せしめること、それが対象の代理としての記号の機能なのである。したがって「記号は、記号の解釈者に行動の準備体制をとらせるところの対象の代理である[11]」ともいえる。要するに、ホンモノの対象の拘束を離れて、自律的記号システム（例えば言語）になることが、記号の記号たるゆえんなのである。

表象媒介過程と解釈傾向

ところで、意味の測定理論を提唱したオスグッド

(C. E. Osgood, 1916–　)の「表象媒介過程」(representational-mediational process)は、モリスの「解釈傾向」(interpretant)と機能的に同等のものと見なしえよう。そこで、モリス自身が図式化しているオスグッドの表象媒介過程モデルを参照しながら、そこに既述のドライバーの例をあてはめて考察してみよう。(12)

図1において、Sは対象そのもの(ホンモノの「土砂崩れ」)を表わし、〔S〕はその対象にたいする言語記号(音声「土砂崩れだぞ!」)を表わすものとする。そこで、ドライバーと土砂崩れとの関係を考えると、ホンモノの土砂崩れ(S)は、「顔が青ざめる」「冷汗がでる」「ブレーキをかける」「前方を凝視する」「ドアを開ける」「外に脱出する」等々、さまざまな全体行動(RT)をドライバーに生じさせる。そこで、「土砂崩れだぞ!」という音声〔S〕が、ホンモノの土砂崩れ(S)に学習や経験によって連合(association)されているならば、「バックミラーを見る」「車をバックさせる」等が望(好)ましい行動として選ばれてくる。つまり〔S〕は、観察可能な実際の行動(Rx)を生ぜしめるところの、以前に引き出された全体行動(RT)の一部を表象するような「心理反応」(rm)と結びついて、さらに「自己刺激」(Sm)を媒介することになる。オスグッドは、この「心理反応」(rm)が「自己刺激」(Sm)を生ずる過程(rm----Sm)を、rmがRTを表象しつつrmがSmを媒介するので「表象媒介過程」(the representational-mediational process)と命名して、音声記号〔S〕の意味とみなす。この「rm----Sm」の過程が、モリスの設定した解釈傾向と機能的に

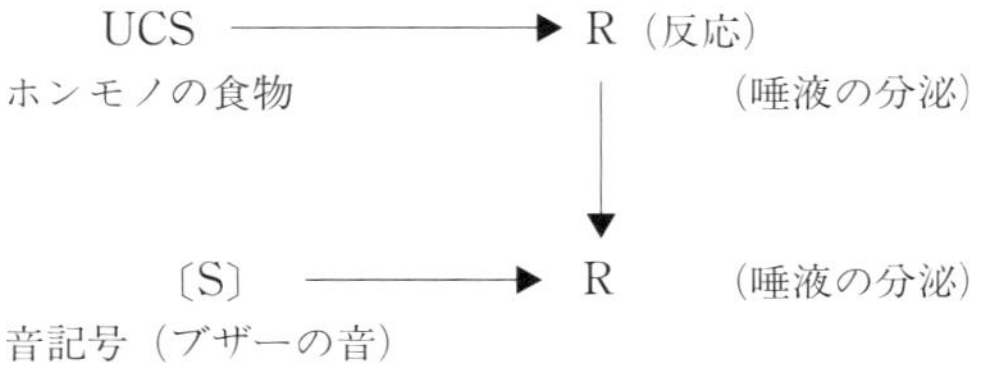

図2

同等のものと見なしえよう。

条件反射

ところでパブロフ（I. P. Pavlov, 1849－1936）やワトソン（J. B. Watson, 1878－1958）は、上の図2のように、記号の意味を条件反射に基づいて説明した。つまりイヌに食物（UCS）を与えると、イヌは唾液（R）を分泌する。食物を与える前にブザーを繰り返し鳴らす。やがてブザーの音〔S〕を聞いただけでイヌは唾液を分泌する。「ブザーの音」が「ホンモノの食物」に連合されて、イヌは次第にブザーの音が「ホンモノの食物」の代理であることを学習するといえる。その証拠は、イヌは「ホンモノの食物」がなくとも、ブザーの音を聞くだけで唾液を分泌するからである。この場合、記号としてのブザーの音は、同一反応（RとR）、すなわち唾液分泌を根拠として、食物の代理としての意味をもつ。

心・精神としての解釈傾向

図1と図2を比較対照して考察してみよう。

パブロフやワトソンは、図2が示すように、心や精神を除去することによって、記号への明確なアプローチの手掛りを与えてくれた。しかし人間の記号行動は、単なる腺分泌や筋反射以上の複雑な要素を含んでいる。モリスやオスグッドのモデル（図1）によると、記号の意味は、RTとRxに示されるように、必ずしも同一反応を、つまりR－Rを根拠とはしていない。

モリスは、解釈傾向という一要因を記号過程に設定することによって、人間の心や精神と結びつくところの意味モデルの構成を企図したわけである。解釈傾向とは、「記号が原因となってある行動群（behavior-family）の反応連鎖（response-sequence）によって反応しようとする解釈者のなかに生じる傾向（disposition）である」[13]（傍点引用者）。言い換えると、「記号の、それが意味するものへの関係は、常に解釈傾向の媒介（mediation）に関連し、解釈傾向とは、生物体の行動、生物体の行動の傾向である」[14]（傍点引用者）。

モリスは、ワトソンの条件反射説の批判超克を目指して、人間の心や精神を媒介的に経緯するところの意味モデルを設定した。その媒介過程が解釈傾向であり、その解釈者の解釈傾向とは、デューイの習慣論における「傾向」の概念を記号学に取り込み設定したものである（第四章4節参照）。

3　価値的意味

「人生」の価値的意味

私たちの記号行動は、たんに受動的に記号の意味を解釈するのみならず、能動的に意味づけをしつつ記号を創出し、意味を評価しつつ、価値の実現・達成を目指す。この意味づけないし記号創出の行為こそが、文化や社会の進歩発展を可能にしてくれる。

さて、モリスの記号行動論は、既述したような「指示的意味」(signification)の究明に限られるものではない。記号の解釈者は、文化や社会の在り方、および人間としての自分自身の生き方、つまり人生の意味を積極的に創出し、改善する主体者である。そこで問題となるのは、指示的意味と価値的意味との関連性である。たとえば、私たちが「人生の意味とは何か?」と疑問をもつ場合、この言語記号「人生」には、「指示的意味」と「価値的意味」の二重性が認められる。「人がこの世で生きること」、「人がこの世で生きている間」(『広辞苑』より)という指示的意味、具体的には定義的辞書的意味に満足する人は誰もいない。「人生」の意味とは、むしろ「価値的意味」(significance)であり、解釈者その人自身の主体的な価値指向的行為によって、「意味づけられるもの」(what is signified)である。

以上のような「指示的意味」と「価値的意味」、「意味するもの」と「意味されるもの」、つまり記号をめぐる「指示」と「価値」の関係という問題把握に立脚して構築されている点、ここにモリスの行動的記号学の最大の特徴がある。すなわち「指示的意味（signification）と価値的意味（significance）の関連性を、人間行動のなかにいれて、より統合的な形で提示すること」[15]が、モリスの記号行動論の方法的な一大眼目なのである。その際、指示的意味は「目標（目的）追求行動」（goal-seeking behavior）との関係において、また価値的意味は特に「選好行動」（preferential behavior）との関係で把捉される。「価値は、選好行動論に関する対象の性質」[16]であり、「価値論は、選好行動の学として考えられる」[17]のである。

選好行動

この選好行動の理論は、価値を状況や経験の次元から説きおこすデューイの『評価の理論』に依拠している。デューイは、価値を「選択否認行動」（selective-rejective Behavior）との関連において、また「目的–手段の連続性」（continuum of ends-means）の枠内で捉える（第四章2節参照）。評価とは、「価値づける」（valuing）ことであり、ある何かを知性的にかつ手段的に「値ぶみする」（apprizing）ことであり、また情緒的にかつ目的的に「貴ぶこと」（prizing）である。つまり、ある状況において、手段的値ぶみによって選択され、目的として貴ばれるところの対象が価値である。

したがって、その価値は、理念的な超経験的な対象ではない。デューイは、価値（value）とは、生物体（人間）が、その選択否認行動に基づいて、価値づける（valuing）ものである、と主張した。モリスの行動的記号学は、とりわけプラグマティクスの提唱にあたって、デューイの選択否認行動を選好行為として継承する。モリスは明言する、「選好行為（preferential behavior）とは、デューイの選択否認行動（selective-rejective behavior）と同様のタームである[18]」。

モリスの行動的記号学は、美学的記号論をも内包する。その際、デューイの『経験としての芸術』における二つの概念、すなわち「芸術作品」（work of art）と「芸術所産（素材）」（art product）に着目する。モリスは前者を「美的記号」（esthetic sign）、後者を「美的記号媒体」（esthetic sign vehicle）として把握する。芸術は記号学の一部門として統一科学の体系のうちに設定されなければならない。美的記号は価値の実現と密接なものである。価値とは、関心に動かされている行為を実現へと導く対象ないし状況のもつ完結的な性質である。

価値は、行為者によって、基本的には望（好）ましいもの（あるいはその否定）として評価されるものであり、それとともに価値は、行為を手段的に動機づけるものである。たとえば、ある価値状況において比較され値ぶみされて、BよりもAが望（好）ましいという関係が明らかになったとすれば、すなわち、選好行為に基づく記述である「AはBよりも望（好）ましい」とは、「AはBよりも善（よ）い」という価値判断と符合するのである。

このような望（好）ましさの序列において望（好）ましさの度合いの高いものほど、価値の高いものということができる。そのうちで最も価値の高いものを、「最高価値」と呼ぶことができるし、それが追求されなければならない究極目的（目標）となるのである。これを目指す行為の過程のうちに、「価値的意味」が存在するのであろう。そういう意味で、「人間は常に評価者であり、活動の関心的中心であり、目標の追求者でもある[19]」といえる。

ミロク道

以上の観点から、モリスの『人生の道』（Paths of Life）は世に問われた。この著は、無論、モリスの「転向」ないし「神秘主義」を示すものではない。むしろ、この著は、記号学研究の一翼を担うところの、「人生」の「価値的意味」（significance）の探究の試みなのである。その価値的意味（significance）が、東洋の仏教に見いだされた。より具体的には、ミロク（弥勒）を祈念すること、これこそモリスの「人生」の価値的意味なのである。

この価値的意味の導出については、多くの紹介があるので、その基本骨子のみをここに記すことにする。モリスは、シェルドン（W. H. Sheldon, 1899－1977）の体質・性格学的な三基本型の分類に対応させて、人格形成の三要素を、以下のとおりに掲げる。それらは、ディオニソス的（楽天的・依存的傾向で享楽的）、プロメテウス的（活動的・支配的傾向で行動的）、仏陀的（禁欲的・離脱的傾向で思弁的）の要素である。これらをモードにして、七種類の生き方が導出されて、とくに、人格構成の三要素が調和統一する理想的タイプに、弥勒仏の名を冠して「ミロク道」(maitreyan-path)と称したのである。マイトレーヤすなわちミロク（弥勒）は、具体的には次のように把捉される。

「マイトレーヤ的人間はかつての仏陀と同じく、救いとは生の状態のことであり、自身の努力によってこの世において獲得されるものだと信じている。かれは、欲望の消滅という曖昧で誤解しやすい教えの代わりに生から離れて生に執するという普遍的な教えを説く。そしてかれはこの態度を、自我のすべてに、他の人の自我に、さらに全宇宙にまでおし及ぼし、それどころか、その根本の生への離脱・執着の態度そのものにまで、押しひろげていく。……自我にたいする、他者にたいする、さらにすべての事物にたいする我執を捨て去ること、そして、それらの前に、生きとした包容力と暖かさと友人としての挑みかけをもって、立つこと――これがマイトレーヤ的人間の涅槃であり、ここ、この世、いまにおいて、達成される涅槃なのだ[20]」。

生から離れて生に執する、という「普遍的な離脱的執着の態度」(attitude of generalized detached attachment)のうちに生きること、これがミロク（弥勒）の道であり、モリスその人自身の人生の価値的意味（significance）にほかならない。

モリスの記号学の再発見・再評価

ところで、モリスの行動的記号学には、次のような批判的評価が下されている。「モリスの記号論が、当時盛んだった行動心理学（しかも、観察可能な「刺激－反応」という図式によってすべてを説明しようと試みる極端なもの）にその理論づけの基礎を求めたのは、ある意味では不幸な選択である[21]」。もうひとつは、ムーナン（G. Mounin, 1910－97）による以下のような否定的言説である。「この書（『記号と言語と行動』）は、克服されてしまった歴史上の一段階の証言として以外には、読まれてもその真意はほとんど解されない[22]」のであり、「彼（モリス）の著書の占め得る位置は、避けねばならぬ危険の見本としての位置であろう。その危険とは、人を驚かすような用語と新造語、言いかえているが故に何か新しい発見でもしているかの如く思いこむ幻想、用語の作り直しと用語の言いかえに他ならないのだ[23]」。

モリスの記号学が再発見・再評価されなければならない理由は、以上のような批判的評価が今日ごく一般的に定着しているからである。以上のような批判は妥当なものではない。その根拠を以下の三つの箇条にまとめておこう。

（1）モリスの記号学は、パブロフの条件反射論およびワトソンの行動主義心理学の方法に着目こそするが、人間の記号行動のすべてを、第二信号系に設置して「刺激－反応」で決定論的に説明づけようとするものではない。モリスは、ブザーによって、捕食行動に促されるイヌを『記号と言語と行動』において例示している。イヌに食物を与える前にブザーを鳴らす。これを繰り返すと、やがて食物がなくても、イヌにはブザーが鳴ると、唾液を出したり、食物があるはずの場所に行くという目標追求行動の連鎖が生じる。この場合、イヌは記号過程のうちにある。ブザーの音は食物の代理としての記号、イヌは解釈者、唾液をだす腺分泌、食物があるはずの場所にいく筋肉運動等が解釈傾向、イヌが追求するところの目的となっている食物が指示対象である。モリスの記号行動論におけるイヌは野外の自由に活動するイヌであり、実験器具に固定されて唾液分泌の測定装置を着けたパブロフのイヌをモデルとはしていない。

（2）ワトソンの行動主義は内観法の心理学を否定する。ところが、モリスは内観や自己観察レポートを否定しない。彼は以下のとおり明言する。「私は、表象、思想、意識、心というような用語が無意味であるなどと主張したことも、信じたこともない[24]」。

（3）モリスに対する批判は、その対象をモリスの著作『記号理論の基礎』や『記号と言語と行動』にのみ限定しており、モリスの記号学の全容とその指向を、批判の視野に入れていない。したがって、モリスの記号学の根幹をなす意味の二重性、つまり記号の「指示的意味」と「価値的意味」が等閑に付され、とりわけ、価値的意味については一顧だにされていない。

したがって、従来のモリスに対する批判は、きわめて論拠薄弱と言わざるをえない。

まとめ

モリスは、「意味論」(semantics)、「構文論」(syntactics)、「語用論」(pragmatics)の研究領域を設定した。つまり、記号とその指示対象との関係を研究するのが意味論、記号と記号との論理的文法的結合の関係を研究するのが構文論、そしてモリスによって新しく設定され命名された語用論、これは以下のように定義される。「記号とその解釈者(解釈傾向)との関係を研究するのが語用論である」[25]。また以下のようにも定義される。「語用論は、記号の起源(origin)、使用(use)、効果(effect)を研究する」[26]。さらに語用論において、「記号は心理学的、生物学的、社会学的に研究されなければならない」[27]と主張される。こうした定義や主張に立脚して、コミュニケーションの研究が語用論にとって重要な研究対象であることが指摘強調される。

既述の例でいうと、意味論は、No More Hiroshimaの「広島はごめんだ」「広島を繰り返すな」、あるいは「人生」の「人がこの世で生きている間」「人がこの世で生きること」のように定義的辞書的意味の確定を主たる問題とする。構文論は、NoとMoreとHiroshimaの、また「人」と「生」のように、記号の品詞上の分類や文法的つながり、あるいは論理的関係の研究である。

さて語用論は、モリスの担った仕事であり、それは、記号と人間の、また記号と価値の関係へのアプローチ、別言すると、記号の価値性ないし価値の記号性が究明される領域である。そのアプローチにあたって、モリスは、従来の「心」や「精神」や「魂」の実体的措定および多義的規定を払拭して、行動につながるところの「解釈傾向」を設定した。こうして、私たちの、いわば心からの決意とか願いとか祈り等に根ざすところの意味、すなわち「価値的意味」を許容する記号の科学が開拓されたのである。

モリスの語用論は以下のことを教えてくれるのではないか。すなわち、記号の意味への問いかけは、その解釈者自身の「存在」の意味への問いかけともなる。したがって、解釈者自身の「存在」の意味を問うことのない記号論は、無意味である。

モリスの『人生の道』の「祈念」とともに本章を閉じよう。なお以下における御身とはミロク（弥勒）のことである。

御身の出生がそのままわれらの出生となるよう、ふたたび法輪をめぐらしたまえ。
われらもまた我らの全一の姿で宇宙の母の前に立つでしょう。
御身の立つごとくそのようにわれらもまた立つでしょう。
御身の影をわれらの前に投げかけたまえ、われらがいつまでも影のままでいないように。

第七章　プラグマティズムの記号学の新展開

前章までは、パース、ジェイムズ、デューイ、ミード、モリス等にプラグマティズムの記号学（論）を確認してきた。これをプラグマティズムの記号学と総括することにより、その特質を把握するとともに、二一世紀におけるその発展的継承を確認しよう。

1　プラグマティズムの記号学の特質

それぞれの記号学（論）

ここでまず、パース、ジェイムズ、デューイ、ミード、モリスそれぞれの記号学（論）の大要を簡単にまとめておこう。

(a)パースにとって記号過程とは、主に科学的知識を獲得する過程、つまり解釈者の推論(思考)過程を主眼とする。知識は、後続する記号としての思考によって連続的に解釈されるところの解釈項の進化により獲得されるものである。

(b)ジェイムズにとって、記号学(論)は重要なテーマではなかった。とはいえ、彼独自の認識論、根本的経験論の立場から、彼は意識の流れの表出を言語に見出している。

(c)デューイは、パースからモリスを中継する重要な役割を担った。つまり、パースの論理(学)的な記号思考からモリスの生物学的な記号行動へと展開せしめる橋渡しを試みた。その際、デューイは、記号の意味(meaning)を、社会的共同行為の遂行・達成を可能にしてくれる道具として捉えた。この道具としての意味は、モリスの行動的記号学においては、指示的意味(signification)および価値的意味(significance)として成立した。

(d)ミードの記号論は、デューイの社会的共同行為・コミュニケーションを継承して、社会的自我の生成を可能ならしめるコミュニケーションの媒体としてシンボルを設定した。その際、シンボルは、社会的な「役割」と密接であり、自己―他者相互行為、演者―観者相互行為、つまりドラマ的行為を表現するところのそれである。

(e)モリスにとって、記号は、目的実現をめざす解釈者(生物体・人間)における習慣的な行動傾向と密接であり、それによって指示的意味、さらに人間的な価値的意味が成立する。このような広い視点に立脚して、人文、社会、自然の諸科学を基礎づけるものとして、つまり統一科学を担うものとして、行動的記号学は提唱された。

記号学の特質

以上の諸点に基づいて、プラグマティズムの記号学の特質は以下の三点に把握される。

（1）プラグマティズムの記号学は、近代哲学の創始者デカルト以来の、物体と精神、物と心、自然と人間という二元論的区分の批判・超克を目指している。近代哲学は、デカルトの第一原理「我思う、故に我あり」を出発点とした。ここに定立された私とは、社会や他者とは何の関りもない純粋思惟としての我・私である。また、自然や物体や身体とも何の関りもない私であり、およそ生命や生活の現実的営為とは無関係な私である。したがって、プラグマティズムの記号学の第一義の特徴は、基本的に自然的・社会的環境と人間（生物体）との相互作用を可能にする媒体として記号を設定するところにある。

（2）プラグマティズムの記号学において、記号は、人間（生物体）の行動傾向・習慣と密接に関わっている。そこにおける記号過程は、記号・対象・解釈傾向・解釈者・コンテクストであり、それらは生物学的基礎づけにおいて成立する。

（3）プラグマティズムの記号学は、真理（知識）を実在への対応と捉えて――例えば論理実証主義や分析哲学のように――客観的真理を獲得するための記号学ではない。それは、知識進化の、つまり真理創出の記号学である。そして、社会的な共同体に生きる私たちのコミュニケーション、連帯性を可能にしてくれるところの記号学である。

2　新しい展開

プラグマティズムの記号学は、現在、多くの研究者に継承されているが、ここではシビオク、ホフマイヤー、ブーイサック、ハーバーマス等に、その発展的継承を確認しよう。すなわち、シビオクの動物記号論、ホフマイヤーの生命記号論、ブーイサックのミーム記号論、ハーバーマスの普遍的語用論である。彼らの独創的な記号論にはプラグマティズムの記号学を見て取れる。二一世紀の記号学の新展開を彼らの研究に管見してみよう。

（1）動物記号論

創始者シビオク

シビオク（T. A. Sebeok, 1920－2001）は、パースの記号学やモリスの行動的記号学の影響のもとに、記号の科学として「動物記号論」（zoosemiotics）を創設した。ミードやモリスは、動物や昆虫の身振りや音声等を彼らの記号論の分析の対象とした。シビオクの記号論は、このような対象に本格的にアプローチしたものである。動物記号論は、動物における同種間、あるいは異種間コミュニケーションをその対象とする。動物記号論は、記号の科学としての記号学と動物行動学との交差領域に設定される。動物記号論においては、動物のコミュニケーションは、とくに、送信者（sender）、メッセージ（message）、コード（code）、受信者（receiver）、コンテクスト（context）、経路（channel）などにおいて分析される。

動物（人間）の使う記号には、単純な生理的信号から複雑な象徴的なものまで多様な種類がある。記号論とは、そのような記号を生産し解釈する動物（人間）の生得的能力を明らかにすることにある。動物記号論が提示する記号過程の主な構成要因は以下のとおりである。それらは、「記号」、記号によって指示される「対象」、そして「生物体」（解釈項）である。この記号過程の三要因、つまり記号、対象、生物体には、パースの記号過程（記号、対象、解釈項）やモリスの記号過程（記号、対象、解釈者・解釈傾向）に相通じる基本的構想を見てとれる。記号過程は生物体が有する生得的、本来的な能力であり、それ故に生命は記号過程のうちにある。

シビオクは、記号を基本的に六つに分類する。つまり、信号（signal）、徴候（symptom）、類似記号（icon）、指標記号（index）、象徴（symbol）、名前（name）である。生物の記号過程はこれらの記号分類により特徴づけられる。シビオクは、昆虫や鳥などにも類似、指標、象徴に関わる記号行動が認められると主張する。したがって、象徴は人間という種のみに固有なものではない(1)。

環境世界

シビオクの動物記号論は、生物学者ユクスキュル（J. J. von Uexküll, 1864－1944）の環境世界論を基盤としている。ユクスキュルによると、生物体は、この世界において無限に可能な多様性のなかから、その種固有の組織（器官）に適したものを選択することにより、自らの「環境世界」（Umwelt）を形成する。つまり、解剖学的に大きく相違する動物は同一の世界に住んでいるのではない。したがって、人間と人間以外の動物は同じ対象の世界を共有しえない。言い換えると、生物種は、それぞれに分節化された世界、それぞれに意味をもつ世界、つまり環境世界に生きている。ユクスキュルは、異種の生物体が共通の客観的世界としての対象を知覚・共有できないこと、つまり、生物体の知覚はそれぞれの種の有する「設計図」（Bauplan）に従っていることを発見した。この設計図とは、ある生物体が内臓されたプログラムに従って外的対象を解釈すること、それを可能にするいわば精神的モデルシステムである。シビオクによれば、このシステムは生物体に生得的に内蔵されているものであり、それは外的世界を、特定種の環境世界として変換可能にするものである。

新たな分野

生物体は、自らの生存にとって有意味な環境世界に生きている。シビオクにとって、記号（言語）とは、人間が自らの生存との関係において「世界をモデル化」するためにもつようになったものである。したがって、心や精神とは、生物体（人間）が自らの環境を認識するというモデル形成のための記号のシステムである。

シビオクは、さらに化学的な分子のミクロ世界の記号過程にも着目した。例えば、ホルモンやフェロモンの分子はあるメッセージを運ぶ記号である。細胞間、個体間には化学的な分子を記号媒体とするコミュニケーションが認められる。この領域を研究するのが体内記号論（endosemiotics）である。動物（人間）は、生きていくための記号の使用能力をいかにして獲得したのか、また人間と動物の記号過程における異同は何か、このような問題設定からシビオクの動物記号論は成立した。

動物記号論は、また「植物記号論」（phytosemiotics）の成立を促進しつつある。例えば、樹木どうしのコミュニケーションである。ポプラは枝を傷つけられるとタンニンの濃度を高めて、菌や昆虫の侵入を防ぐ。すると、その木の側のポプラは、傷を負っていないにもかかわらず、タンニン濃度を大きく上昇させる。「害虫に注意」という信号が傷ついたポプラから送られているからである。また、樹木は、同種の樹木の群生域（テリトリー）を維持するために化学物質を分泌して、他の異種の植物の侵入を防ぐ。カツラの木はマルトーレ、ギンネムの木はミモシンを出して自らの種の群生域を維持する。

こうしてシビオクは、かつて医聖ヒポクラテスによって徴候学として始まった記号学を再び生命科学の分野に位置づけた。近代に入って、記号学は哲学や言語学や解釈学の分野にあまりにも囚われすぎていたが、その領域から記号学を解放し、広い意味での生命科学の分野にそれを移植した。生命が存在するところに記号過程がある。地球の歴史において、記号の誕生は生命の誕生とともにある。

（2）生命記号論

DNAの記号論

デンマークの分子生物学者ホフマイヤー（J. Hoffmeyer, 1942－　）は、パースの記号過程（記号・対象・解釈項）に着目し、独自の生命記号論（biosemiotics）を展開する。例えば、医者が赤い発疹の出た子供をはしかであると診断したとしよう。この場合、記号過程は、記号（赤い発疹）が、解釈項（医者）に対して、対象（はしか）を表している、となる。ホフマイヤーによると、生物の生殖や進化にもこのような記号過程が存在するという。個体発生とは親からの記号化された情報を（料理のレシピのように）含むDNA配列（記号）から、血と肉を持つ生命体（対象）が創られることである。では、何が、このＤＮＡ（記号）を解釈するのであろうか。もし、ＤＮＡが受精卵細胞の中になければ、まったく何も生じない。受精卵細胞だけがこのＤＮＡ（記号）を解釈し、その情報に従って新たな生命を創りあげることができる。つまり、この場合、記号（ＤＮＡ）の解釈項とは受精卵細胞である。生物は、記号（ＤＮＡ）が次世代に引き継がれることにより系統的に存続する。遺伝とはまさに記号論的な存続である。

習慣変更

ホフマイヤーは、パースの「習慣」および「習慣変更」の概念に着目して、生物の進化を「宿命」と「自由」の観点から説明する。パースは、彼のカテゴリーを生物学の観点に立脚して、以下のように述べている。「生物学では、突然変異の概念は第一次性、遺伝は第二次性、偶然的性格の定着する過程が第三次性である」(2)。ホフマイヤーは、「パースの形而上学の要点は、自然には習慣化する傾向があるということである」と言う(3)。さらに、自然はその習慣の支配から独立し、変更を繰り返そうとする傾向をもつ、と主張する。たとえば、生物は細胞分裂によりその内部構造が繰り返し固定化されていく。この反復は習慣化されて、そこに予測可能性、法則的秩序が宿命として定まることになる。また、ＤＮＡ分子の塩基配列に埋め込まれた記号によって生物は複製される。ところが、この複製には誤りが生じることもあり、この誤りが連鎖的に働いて、やがて生物進化となる。つまり、生物学的レベルの予測不可能性とは、それが自由であるかのように生まれることで、そこに習慣変更（突然変異）が成立することなのである。

生命の営み、進化は創造的で予測不可能である。特に、進化は「創発」という語で説明される。創発とは、個々の部分からは予測できない性質を持つものの創造を意味する。この創発は物理数学的モデルでは合理的に説明できない。なぜなら、生命の営みを物理数学的な法則や公式の中に閉じ込めるとき、そこには創発性が排除されてしまうからである。ホフマイヤーは、創発的な生命の進化を探究する方法として、パースの記号学的モデルを積極的に取り入れた。こうしてホフマイヤーは、地球上の全生命を表す「生物圏」に代わって「記号圏」（semiosphere）を唱導する。

（3）ミーム記号論

脱構造主義

ヤコブソン（R. O. Jakobson, 1896－1982）は、彼の著作『一般言語論』（第五部：言語学と隣接諸科学）、この第五部はレヴィ＝ストロースに捧げられた）において、構造主義は分子生物学（遺伝子工学）や情報工学（サイバネティクス）の知見を摂取してさらなる成果をあげることができる、との期待を表明した。それを担うのがカナダ、トロント大学のトロント・セミオティックサークルである。とくに、ブーイサック（P. Bouissac, 1934－　）の研究は新境地を開拓している。

ブーイサックはソシュールの記号学（言語学）、レヴィ＝ストロースの構造主義、そしてグレマス（A. J. Greimas, 1917－92）のナラトロジー等に大きな影響を受けている。ブーイサックの記号論のユニークさは、サーカスの記号論的研究を契機として生物学的記号論を開拓しつつある点にある。ブーイサックのミーム（模倣子）（meme）やインフォン（情報子）（infon）に基づく伝達の研究は、モリスからシビオクへと継承発展されるプラグマティズムの記号学を積極的に自らの記号論に取り込んだものである。

文化の伝播

ブーイサックは、一九七〇年代、ドーキンス（R. Dawkins, 1941－　）が著書『利己的な遺伝子』（The Selfish Gene, 1978）において提示したミームの概念に注目し、それに基づいて文化へのアプローチを試みる独創的な文化記号論を展開している。ドーキンスは主張する、すべての生命は自己複製の遺伝子つまりDNAによってその進化をなしとげる。ドーキンスは文化伝播の単位、模倣子としてのミームを仮説として提示する。ミームは、広い意味で模倣と呼びうる過程を媒介として、あたかも個人の脳から脳へと渡り歩くようなものである。例えば、科学者がよいアイディアを聞いたり読んだりすると、彼は同僚や学生にそのアイディアを伝え、対話や論文や講演のなかでそれに言及したりする。そのアイディアが高く評価されると、まるで脳から脳へと広がって自己複製をするかのように伝わる。ドーキンスはこのようなミームの具体例として、楽曲、思想、標語、衣服のモード、壺の製作、アーチ建造物等々をあげている。ブーイサックは、このミームの視角から、コミュニケーションそして文化にアプローチする。ミーム仮説は、情報が人間の脳に「寄生」するということを主旨とする。動物（人間）の行動パターンは、実は脳に寄生するこのミームによるものである。例えば、サルの芋を洗って食べる行動、木の実を石で砕いて食べる行動等は仲間のサルに伝播する。この行動パターンはミームによるものである、とブーイサックは主張する。

情報の伝播

また、情報理論においても、ブーイサックはその最新成果を彼の記号論に取り込んでいる。数学者ディブリン（K. Devlin, 1947－　）は、著書『論理と情報』（Logic and Information, 1988）においてインフォン（infon）の概念を打ち出した。通常、数学や論理学では「命題の真偽」が中心的課題とされるが、最近の状況理論（situation theory）においては、「情報の伝播」（flow of information）の仕組みを明らかにすることが、その課題となっている。ここでは、情報の単位要素としてインフォンの概念を用いながら、その状況依存性に着目するとともに、情報の流れを捉えるために制約（constraint）の概念を用いている。制約とは、ある状況Sと別の状況S′との間に成り立つ関係である。私たちは、この制約的関係を認識することによって、SからS′についての情報を引き出すことができる。また、制約は状況相互およびインフォン相互を結合する関係であり、情報は制約を通じて状況から状況へと伝播していくものとして把握される。ブーイサックは次のように主張する。情報と数学理論の展開のためには、数学者が取り扱う領域内に、実践ないし経験的観点に基づく一定の情報的対象、つまりインフォンの存在を前提としなければならない。ブーイサックは、インフォン概念に基づいて数学的形式的情報論から経験（実用）的情報論への展開を試みている。

ブーイサックの記号論は、ヨーロッパを舞台とした従来の構造主義とは異なっている。その記号論は、構造主義を出発点としながらもプラグマティズムを摂取しつつ独自の新展開を見せている。記号の生物学的把握、記号の創造的進化等を彼の記号論に見出すことができる。

（4）普遍的語用論

語用論の展開

ハーバーマス（J. Habermas, 1929－　）のコミュニケーション行為論が、プラグマティズムの記号学の影響を受けていることは容易に見て取れる。バーンスタインは、ハーバーマスとプラグマティズムの関係について以下のように言う。

「私たちアメリカの同僚の誰よりもプラグマティズムにおける――とりわけ、パース、デューイ、ミードの思想における――最良のものが何であり、最も不朽なものが何であるか、についてハーバーマスが深く、鋭く理解している(4)」。

ハーバーマスは、とくにミードのシンボリック相互行為論を基盤として、さらにオースティン(J. L. Austin, 1911－1960)の言語行為論を取り入れ、「普遍的語用論」(Universal Pragmatik) という新しいプラグマティクスを提唱する。この言語行為論の採用によって、ハーバーマスの普遍的語用論は、コミュニケーションにおける理論として構築される。かつてモリスによって創始された語用論(pragmatics)は、オースティン、ハーバーマスに発展的に継承されて、社会学、言語学、倫理学等の分野にさまざまなインパクトを与え続けている。

モリスの語用論は、言語的コミュニケーションの重要性を主張したが、それへのモリスのアプローチは充分なものではなかった。モリスはコミュニケーションの内実に迫る研究を試みていない。このことは解釈者の設定に起因する。つまり記号(言語)を解釈する単独単一の解釈者(本書の例でいうと、イヌ、ミツバチ、ドライバー)のみが設定されて、記号(言語)のやりとりへの着眼がない。別言すると、複数の解釈者が対面的に存在して聞き手にも話し手にもなって、記号(言語)をやりとりする状況設定がないのである。したがってコミュニケーションにおける記号(言語)使用、記号(言語)効果を究明する視点が欠落することになる。この点が、モリス語用論の限界であった。

モリスの語用論は、心理学における行動主義から新行動主義への理論的発展に則して、記号をS－O－R（刺激－生活体－反応）図式から行動学的に基礎づける試みであった。彼の行動的記号学は、論理実証主義との理論上の接点を求めて統一科学運動を推進することにあった。すなわち言語的コミュニケーションの語用論は、モリス以降の記号論ないし言語論に託された課題であった。この課題を引き受けたのがオースティンの言語行為論、ハーバーマスの普遍的語用論と見て取れる。

ハーバーマスは「普遍的語用論」の課題を次のように述べている。「普遍的語用論の課題は、解釈者（聞き手－話し手）のコミュニケーションにおいて、相互理解が可能になるための普遍的条件を確定し、追構成することである[5]」。解釈者はフェイス・トゥ・フェイスの対面的な話し手・聞き手として設定される。この解釈者の設定にあたって、ハーバーマスはミードのシンボリック相互行為論を採用する（第五章2節参照）。

遂行動詞の再編

ハーバーマスの普遍的語用論は、オースティンの言語行為論における発語行為(locutionary act)、発語内行為（illocutionary act）、発語媒介行為（perlocutionary act）のうち、とくに発語内行為に着目することから成立する。それは、「発語内行為、その力によって、話し手と聞き手との間に調整機能を果たす相互人格的関係が樹立される[6]」からである。一方の発語媒介行為は自己中心的な結果計算となる可能性がある故に、この行為は相互理解・相互人格的関係を可能にするコミュニケーションとはなりえない。普遍的語用論は発語内行為に基づくことになる。

ハーバーマスのコミュニケーション行為論にとって、オースティンの言語行為論における行為遂行動詞はコミュニケーション行為を可能にする最も重要なものである。オースティンの遂行動詞は、ハーバーマスによって再編され、ハーバーマス独自の以下の四つの分類が成立する。

（1）対話型（Kommunikativa）（対話を可能にする前提条件）（言う、話す、答える等）

（2）確認型（Konstantiva）（外的事実の確認）（主張する、記述する、報告する等）

（3）表自型（Repräsentativa）（話し手の立場や意図の表示）（思う、願う、希望する等）

（4）規制型（Regulativa）（話し手、聞き手が遵守ないし違反しうる規範関係）（約束する、命ずる、禁止する等）。

（1）対話型は対話を目指して音声を発する行為であり、それは（2）確認型、（3）表自型、（4）規制型の前提である。（2）（3）（4）については基本文型がそれぞれ以下のように成立する。（2）「——は——である」、（3）「私は——したい」、（4）「私・あなたは——すべきである」。

妥当要求

ところで、私たちのコミュニケーションは常に円滑に進行するとは限らない。コミュニケーションの中断や停滞つまりディスコミュニケーションに着目することによって、コミュニケーションを可能にする根拠を明瞭化することができる。コミュニケーションが中断ないし停滞する場合、聞き手は次のような「聞き返し」や問い返しを行う。卑近な例で言うと、a「えっ、聞こえない」、b「えっ、今、なんていった」、c「分かんない」、d「えっ、確かですか」、e「事実ですか」、f「マジ」、g「ウッソー」、h「なんでだよう」、i「どうして」、j「わけ分かんない」等々。ハーバーマスは、この聞き返しに四つの類型を発見する。「何を言ってますか？」としての理解性（a、b、c）、「事実を言ってますか？」としての真理性（d、e）、「真面目に言ってますか？」としての誠実性（f、g）、「どうしてそう言うのですか？」としての正当性（h、i、j）。このような聞き返しに話し手が答えることによって、再びコミュニケーションは円滑に進行する。

こういう（1）理解性、（2）真理性、（3）誠実性、（4）正当性が聞き返しとして表出することは、何を意味するのか。それは、この四つがコミュニケーションを円滑に進行せしめる前提であるからである。つまり話し手と聞き手は、暗黙のうちにこの四つを前提的に要求しながらコミュニケートしあっている。これをハーバーマスは普遍的「妥当要求」（Geltungsanspruch）と概念化する。

語用論的普遍性で重要なのは、四類型遂行動詞である。この四類型は、（1）対話型、（2）確認型、（3）表自型、（4）規制型であった。これら四つの密接な相関として、妥当要求つまり（1）理解性、（2）真理性、（3）誠実性、（4）正当性が導出されたわけである。

四類型の遂行動詞、四つの妥当要求に基づいて、コミュニケーションの望ましい在り方は以下のとおりになる。

（1）話し手と聞き手が相互に理解できるように、話し手は理解可能な「分かりやすい」表現を選ばなければならない。（理解性要求）

（2）聞き手が話し手の知識を分かち持てるように、話し手は、真なる命題内容を伝達しなければならない。（真理性要求）

（3）聞き手が話し手の発言を信じることができるように、話し手は自分の意図を誠実に表現しなければならない。（誠実性要求）

（4）聞き手が話し手の発言を受け入れることができるように、話し手は既存の規範や価値に基づいて正当な言表を選ばなければならない。（正当性要求）

言語的コミュニケーションを対象とする語用論、それはモリス以降の記号論ないし言語論に託された課題であった。これを引き受けたのが、ハーバーマスの普遍的語用論である。ハーバーマスは、ミードのシンボリック相互行為論およびオースティンの言語行為論に依拠して、彼の普遍的語用論を構築する。

以上のように、プラグマティズムの記号学は、主として、シビオク、ホフマイヤー、ブーイサック、ハーバーマス等に継承されて学際的な発展を見せており、現在もなおその発展の途上にある。

注

第一章

（1） Questions Concerning Certain Faculties Claimed for Man, 1868.
Some Consequences of Four Incapacities, 1868.
上山春平責任編集『パース・ジェイムズ・デューイ』（世界の名著48）中央公論社、「直観主義の批判」一〇三－一二七頁、「人間記号論の試み」一二八－一六七頁、一九六八年。
パースの原文からの引用は『パース論文集』（Collected Papers of Charles Sanders Peirce. Vol. Ⅰ～Ⅷ, Harvard University Press, 1934-58）の巻数とパラグラフ・ナンバーで表すのが慣例となっている。本書もこれにならう。

（2） パース「探究の方法」五三－七五頁、パース「概念を明晰にする方法」七六－一〇二頁『パース・ジェイムズ・デューイ』。

（3） C P, 5. 402.
『パース・ジェイムズ・デューイ』、八九頁。

魚津郁夫『現代アメリカ思想――プラグマティズムの展開』放送大学教育振興会、二〇〇一年、四四頁、参照。

（4） 伊藤邦武『パースのプラグマティズム』勁草書房、一九八五年、八四頁。

（5） C. W. Morris, Signs, Language and Behavior, Prentice Hall, Inc., New York, 1946, p. 285.
永井成男・和田和行『記号論』北樹出版、一九八九年、一二頁、参照。

（6） 山下正男「古代・中世の記号論」『理想』、理想社、八八頁、一九八三年。

(7) J. Locke, An Essay Concerning Human Understanding, Book IV, Ch. XXI, Sec. 4, ed., J. W. Yolton, Everyman's Library, 1974, p. 309.
ロック『人間知性論〔四〕』岩波文庫、大槻春彦訳、岩波書店、一九七七年、三五八頁、参照。

(8) ibid., pp. 11-14. 同書七九―八〇頁、参照。

(9) C P, 2. 227.
米盛裕二『パースの記号学』、勁草書房、一九八一年、九六頁、参照。

第二章

(1) I. Kant, Kritik der reinen Vernunft, Felix Meiner Verlag, Hamburg, 1956, p. 95（A51/B75）.

(2) C P, 1. 545.

(3) C P, 1. 551.

(4) ibid.

(5) C P, 1. 552.
関係項と相関項の関連づけの仕方により、表象は以下の三つに分けられる。すなわち、相似表象（likeness）、指標表象（indeices）、シンボル（symbol）である。これら三つの表象は、後に論文「記号の分類」（Division of Signs, 1897）により、イコン（icon）、インデックス（index）、シンボル（symbol）として分類される。

(6) C P, 1. 553.

(7) C P, 5. 265.『パース・ジェイムズ・デューイ』一三〇頁、参照。

(8) C P, 5. 244. 同書一一九頁、参照。

(9) C P, 5. 213. 同書一〇三頁、参照。

(10) C P, 5. 214. 同書一〇四頁、参照。

(11) C P, 5. 225. 同書一一二頁、参照。

(12) C P, 5. 251. 同書一二一頁、参照。

(13) C P, 5. 253. 同書一二二頁、参照。

(14) C P, 5. 257. 同書一二三頁、参照。

(15) C P, 5. 311. 同書一六三頁、参照。
(16) C P, 2. 274.
(17) C. S. Peirce, Semiotic and Significs, ed., C. Hardwick, 1977, Indiana University Press, p. 31.
(18) C. Hookway, Peirce, Routledge & Kegan Paul, 1985, pp. 118-119.
(19) C. S. Peirce, The New Element of Mathematics, ed., C. Eisele, Mouton, 1976, vi, p. 249.
(20) C. Hookway, Peirce, p. 139.
(21) C P, 4. 536.
(22) ibid.
(23) 好並英司「記号作用にとって〝対象〟は必要か――C. S. パースの記号論の一側面」『岡山商大論叢』第29巻第3号、一九九三年、六三頁。
(24) U. Eco, A Theory of Semiotics, Indiana University Press, 1976.
エーコ『記号論Ⅰ』池上嘉彦訳、岩波現代選書、一九八〇年。
(25) 篠原資明『エーコ――記号の時空』〈現代思想の冒険者たち29〉講談社、一九九九年、一三六頁。
(26) C P, 8. 179.
(27) C P, 8. 181.
このことは、「記号が様々な主題(対象)を関係あるものとして表意する様に、それらをひとまとめにすることが解釈項形成の要点である」(8.179) というパースの指摘からすると、「付帯的経験」は記号解釈に利用される記号と対象とを関連づける「根底」(ground) として作用する、と考えられる。
(28) J. Deely, Basics of Semiotics, Indiana University Press, 1990, pp. 88-89.
ディーリー『記号学の基礎』大熊昭信訳、叢書・ウニベルシタス、法政大学出版局、一九九八年、一四八―一五〇頁。
(29) I. Kant, ibid., p. 63 (A19/B33).

(30)　C P, 6. 268.
(31)　Cf., C P, 4. 551.
(32)　Cf., C P, 1. 381, 7. 530.
(33)　C P, 8. 332.
(34)　C P, 7. 544.
(35)　このパース解釈はネシャーの見解に依拠している。
D. Nesher, Understanding Sign Semiosis as Cognition and as Self-Conscious Process: A reconstruction of some basic conceptions in Peirce's semiotics, Semiotica 79-1/2, 1990, p. 12.（以下、書名は略記する）
(36)　Cf., C P, 2. 243-2. 264.
『パース著作集2』内田種臣編訳、勁草書房、一九八六年、一一二九頁、参照。

米盛裕二『パースの記号学』勁草書房、一九八一年、一二三一一三八頁、参照。

魚津郁夫『現代アメリカ思想――プラグマティズムの展開』放送大学教育振興会、二〇〇一年、四〇一四三頁、参照。
(37)　米盛裕二『パースの記号学』、一二四一一三六頁、参照。
(38)　D. Nesher, U.S.S.C.S.C.P., p. 13.
(39)　C P, 8. 330.
『パース著作集2』内田種臣編訳、九二頁。
(40)　Cf. , C P, 5. 233-234.
(41)　D. Nesher, U.S.S.C.S.C.P., p. 17.
(42)　ネシャーは、情態・意志・思考という三段階の知識の発展を、情動的解釈項（E）・力動的解釈項（D）・論理的解釈項（L）により説明する。なおOiは直接的対象であり、（1）（2）（3）は進化の過程である。

記号過程＝Lp(S、Oi、E、D、L［知覚的判断］)
（1）（2）（3）

江川　晃「パースと記号過程・認知・自己意識」『記号学研究14』日本記号学会編、東海大学出版会、一九九四年、参照。

（43） C P, 5. 491.

（44） C P, 5. 517.

（45） C P, 5. 475.

（46） パースの「進化的実在論」についてはハウスマンの提唱によるものである。Cf., C. R. Hausman, C. S. Peirce's Evolutionary Philosophy, Cambridge University Press, 1993. 江川　晃「C・S・パースの進化的実在論」『日本デューイ学会紀要』日本デューイ学会編、第三九号、一九九八年、参照。

第三章

（1） W. James, Philosophical Conceptions and Practical Results, 1898, The Works of W. James, Harvard University Press, 1975, p. 259. cf. Pragmatism, pp. 46–47. ジェイムズ『プラグマティズム』舛田啓三郎訳、ジェイムズ著作集、第五巻、日本教文社、一九六〇年、一七頁。

（2） W. James, Pragmatism and The Meaning of Truth, Harvard University Press, 1978, p. 44. ジェイムズ『プラグマティズム』舛田啓三郎訳、岩波文庫、一九六七年、六五頁。

（3） C P, 5.438. パース「プラグマティシズムの問題点」、上山春平責任編集『パース・ジェイムズ・デューイ』世界の名著、中央公論社、一九九一年、二四七頁、参照。

（4） C P, 5. 494.

（5） W. James, Psychological Foundations, The Writings of William James, edited by J. J. McDermott, The University of Chicago Press, 1977, p. 22.

（6） ibid.

（7） W. James, Radical Empiricism, The

Writings of William James, p. 216.
ジェイムズ『根本的経験論』舛田啓三郎・加藤茂訳、白水社、一九七八年、八五頁。

（8） ibid. 同書八四－八五頁。

（9） W. James, Some Problems of Philosophy, University of Nebraska Press, 1996, pp. 48-49.
ジェイムズ「哲学の根本問題」『パース・ジェイムズ・デューイ』二九一－二九二頁。

（10） ibid., p. 50. 同書二九二頁。

第四章

（1） R. Rorty, Philosophy and the Mirror of Nature, Princeton University Press, 1979, pp. 170-171.
ローティ『哲学と自然の鏡』野家啓一監訳、産業図書、一九九三年、一八五－一八六頁。

（2） R. J. Bernstein, The Resurgence of Pragmatism, Social Research Press, Vol. 59, 1992, p. 832.

（3） R. W. Sleeper, Necessity of Pragmatism—John Dewey's Conception of Philosophy, Yale University Press, 1980, p. 5.

（4） J. Dewey, Logic－The Theory of Inquiry, Holt, Rinehart and Winston, 1938, p. 53.
デューイ「論理学――探究の理論」魚津郁夫訳、上山春平責任編集『パース・ジェイムズ・デューイ』世界の名著、中央公論社、一九九一年、四四二頁。

（5） J. Dewey, Reconstruction in Philosophy, Beacon Press, Boston, 1972, p. 1.
デューイ『哲学の改造』清水幾多郎・清水禮子訳、岩波文庫、一九七〇年、九頁。

（6） たとえば、以下のような著作があげられる。
J. Dewey, Arts as Experience, The Later Works of John Dewey, Vol. 10, Southern Illinois University Press, 1987. What Are Universals? The Later Works of John Dewey,

Vol. 11, Southern Illinois University Press, 1984. How we think, The Later Works of John Dewey, Vol. 5, Southern Illinois University Press, 1985.

(7) J. Dewey, The Reflect Arc Concept in Psychology, The Early Works of John Dewey, Vol. 5, Southern Illinois University Press, 1973, p. 97.

(8) ibid.

(9) ibid., p. 109.

(10) ibid., p. 98.

(11) J. Dewey, Body and Mind, The Later Works of John Dewey, Vol. 5, Southern Illinois University Press, 1984, p. 35.

(12) J. Dewey and A. F. Bentley, Knowing and the Known, Beacon Press, Boston, 1949, p. 290.

(13) J. Dewey, Reconstruction in Philosophy, p. 84. デューイ『哲学の改造』清水幾多郎・清水禮子訳、七八頁。

(14) Cf., J. Dewey, Logic—The Theory of Inquiry, p. 56. デューイ「論理学——探究の理論」魚津郁夫訳、上山春平責任編集『パース・ジェイムズ・デューイ』、四四五頁、参照。

(15) ibid., p. 46. 同書四三五頁。

(16) ibid., p. 45. 同書四三四頁。

(17) ibid., p. 20. 同書四一〇頁。

(18) J. Dewey, Experience and Nature, The Later Works of John Dewey, Vol. 1, Southern Illinois University Press, 1984, p. 139.

(19) ibid., p. 178.

(20) J. Dewey, Logic—The Theory of Inquiry, p. 12. デューイ「論理学——探究の理論」魚津郁夫訳、上山春平責任編集『パース・ジェイムズ・デューイ』、四〇二頁。

(21) ibid., p. 19. 同書四〇九頁。

(22) ibid., p. 9. 同書三九九頁。

(23) cf., ibid., pp. 105-119. 同書四九二－五〇六頁、参照。

(24) ibid., pp. 104-105. 同書四九一－四九二頁。

(25) ibid., p. 114. 同書五〇一頁。

(26) J. Dewey, Individualism, Old and New, The Later Works of John Dewey, Vol. 5, Southern Illinois University Press, 1984, p. 115.

(27) 徳川直人「ミードの心理学」、船津衛編『G・H・ミードの世界』恒星社厚生閣、一九九七年、一〇二－一二〇頁、参照。

(28) C. W. Morris, Signs, Language and Behavior, p. 349.

(29) J. Dewey, Human Nature and Conduct, The Middle Works of John Dewey, Vol. 14, Southern Illinois University Press, 1983, p. 32.

第五章

(1) C. Kluckhon & A. L. Kroeber, Culture－A Critical Review of Concepts and Definition, Vintage Books, N. Y., 1952, p. 357.

(2) G. H. Mead, The Philosophy of the Act, edited by C. W. Morris, The University of Chicago Press, 1970, pp. 3-25.

(3) G. H. Mead, Mind, Self, and Society, edited by C. W. Morris, The University of Chicago Press, 1970, p. 74. ミード『精神・自我・社会』稲葉三千男・滝沢正樹・中野収共訳、青木書店、一九七四年、六八頁。

(4) 笠松幸一「G・H・ミードの役割取得行動論と物的対象」『科学哲学』一三号、早稲田大学出版部、一九八〇年、八〇頁。

(5) G. H. Mead, Mind, Self, and Society, p. 76.

ミード『精神・自我・社会』稲葉三千男・滝沢正樹、中野収共訳、八四頁。

(6) ibid., p.68. 同書七四頁。

(7) A. Giddens, ed., Positivism and Sociology, Heinemann London, 1978, pp. 3-4.

(8) イギリスのグローブ・シアター（地球座）の紋章に銘記されているシェイクスピアの言葉。

(9) H. D. Duncan, Symbols in Society, Oxford University Press, 1968, pp. 29-30. ダンカン『シンボルと社会』中野秀一郎・柏岡富英訳、木鐸社、一九八〇年、三五頁。

(10) G. H. Mead, The Individual and the Social Self, D. L. Miller (ed.), The University of Chicago Press, 1982, p. 94.

(11) G. H. Mead, Mind, Self, and Society, p. 173.

ミード『精神・自我・社会』稲葉三千男・滝沢正樹・中野収訳、一八四頁。

(12) ibid., p.178. 同書一九一頁。

(13) H. D. Duncan, Symbols in Society, p. 44. ダンカン『シンボルと社会』中野秀一郎・柏岡富英訳、五〇頁。

(14) H. D. Duncan, Communication and Social Order, Oxford Universuty Press, 1962, p. 6.

(15) H. D. Duncan, Symbols in Society, p. 50. ダンカン『シンボルと社会』中野秀一郎・柏岡富英訳、五六頁。

(16) ibid., p. 44. 同書四九頁。

(17) ibid., p. 20. 同書二三頁。

(18) H. D. Duncan, Communication and Social Order, Oxford University Press, 1962, pp. 2-3.

(19) H. D. Duncan, Symbols in Society, p. 68. 同書七七頁。

(20) バークは「動機の問題は哲学的問題なのであり、経験科学の用語によって究極的に解決される問題ではない」(K. Burke, A Grammar of Motives, University of California Press, 1969, xxiii. ケネス・バーク『動機の文法』森常治訳、晶文社、一九八三年、二五頁）との見解をもつ。そして、人間の動機にまつわるすべての現象を、演劇の分析から発展させる展望のもとに、「劇学」（dramatism）の方法を提唱する。バークの劇モデルは、行為（act）、場面（scene）、行為主体（agent）、行為媒体（agency）、目的（purpose）である。これらをダンカンは社会学において活用するために修正するわけである。

(21) H. D. Duncan, Symbols in Society, p. 67, p. 74.
ダンカン『シンボルと社会』中野秀一郎・柏岡富英訳、七五頁、八三頁。

(22) ibid., p. 16. 同書一九頁。

(23) ibid., p. 173. 同書一九六頁。

(24) ibid., p. 166. 同書一八八頁。

(25) ibid., p. 81.同書九一頁。

(26) ibid., p. 7. 同書八頁。

(27) ibid., p. 51. 同書五八頁。

(28) International Encyclopedia of the Social Sciences, David L. Sills (ed.), Vol. 7, Interaction: Dramatism, The Macmillan Company & The Free Press, 1968, p. 450.
悲劇のドラマは喜劇のドラマを捉えるための前提である。社会では、悲劇のドラマのみならず、世俗的な喜劇のドラマもまたデモクラシーによって上演される。そこには対等な関係のコミュニケーションと理性によるレトリックが存在する。このような論旨から、ダンカンはアメリカン・デモクラシーの正当性を強調する。

第六章

(1) 「随想」大江精三、『理想』一二号、一九七三年、六九～七〇頁。さらに引用を続けると以下のとおりである。「現状を憂い、未来を考える哲学者が、科学の問題とともに宗教の問題に心を砕くのは当然のことであるし、また、過去の宗教支配の文化から未来の科学支配の文化へと脱皮を強いられつつあるかにみえる現状の人類にとって、宗教と科学の関係をいつまでも従来のように胡麻化してはいられないのである。そのような時代に、科学を理解し、科学的に考えながら、ひろく東洋・西洋の伝統の枠をこえて『世界宗教への序言』を試みる哲人チャールズ・モリスの決断と勇気を、心から私は称えずにはいられないのである」。

(2) C. W. Morris, Signification and Significance, The M.I.T. Press, 1970, p. vii.

(3) ibid. モリスのこの significance と signification は、ソシュール (F. de Saussure) の「記号内容」(signifié) と「記号表現」(signifiant) という記号の二元性に対応すると目される。この点は、大いに比較検討されなければならない課題である。

(4) J. Locke, An Essay Concerning Human Understanding, Book III, Ch. 2, Sec. I, ed., Peter H. Nidditch, Oxford Univ. Press, 1975, p. 405.
ロック『人間悟性論』大槻春彦訳、世界の名著、中央公論社、昭和四三年、一三五頁。

(5) C. W. Morris, Signs, Language, and Behavior, George Braziller, INC., 1955, p. 7.
モリス『記号と言語と行動』寮金吉訳、三省堂、昭和三五年。

(6) C. W. Morris, Signs, Language, and Behavior, p. 17.

(7) C. W. Morris, Signification and Significance, p. 2.

(8) C. W. Morris, Signs, Language, and Behavior, pp. 17-18.

(9) ibid., p. 18.

(10) C. W. Morris, Signification and Significance, p. 3.

(11) C. W. Morris, Signs, Language, and Behavior, p. 10.

(12) C. W. Morris, Signification and Signifi-

cance, pp. 50–51. cf., C. Osgood, G. Suci, P. Tannenbaum: The Measurement of Meaning, 1975, University of Illinois Press, pp. 6–7. モリス自身は、オスグッドの表象媒介過程を、ネズミの電気ショックを例にして大要以下のとおり説明する。電気ショック（S）を与えられるネズミは、観察可能な様々な仕方で反応する（Rt）。電気ショックを与える少し前にブザーを鳴らす。すると、電気ショックによって引き出されたのと同様の、いくつかの部分的反応が呼び起こされる。この部分的反応は、ショックを避けようとする手段的な、そして観察可能な反応（Rx）に結びつくような刺激を生み出すであろう。こうしてネズミは、ブザーが鳴ると、ショックを回避する、ということを学習していよう。「rm…Sm」は表象媒介過程である。ネズミのrmは、ショック（S）に対する全体反応（Rt）の部分である故に、ショックを表象するし、また、それは、ショックを避ける行動へのきっかけとなる故に媒介的である。オスグッドはrmをブザーの音〔S〕の意味（meaning）と呼ぶのである。オスグッドの記号論ないし意味論については、田中靖政著『コミュニケーションの科学』日本評論社、一九八三年、一九〇－一九一頁、参照。

(13) C. W. Morris, Signs, Language, and Behavior, p. 349.

(14) C. W. Morris, Pragmatic Movement in American Philosophy, George Braziller, 1970, p. 40.

(15) C. W. Morris, Signification and Significance, p. viii.

(16) ibid., p. 18.

(17) ibid., p. 17.

(18) ibid., p. 16.

(19) C. W. Morris, Estheics and the Theory of Signs, Journal of Unified Sciences (Erkenntnis), Ⅷ, 1939, p. 134.

(20) C. W. Morris, Paths of Life, George Braziller, Inc., 1942, p. 213.
モリス『人生の道』渡辺照宏・尾住秀雄訳、理想社、昭和四六年、二八二頁。

(21) 「記号論の文献解題」『記号学研究I』北斗出版、一九八一年、二八四頁。

(22) G・ムーナン『記号論入門』福井芳男・伊藤晃・丸山圭三郎訳、大修館書店、一九八二年、六八頁。

(23) 同書、八一頁。

(24) C. W. Morris, Signs, Language, and Behavior, p. 28.

(25) C. W. Morris, Foundations of the Theory of Signs, Vol. 1, p. 6.
モリス『記号理論の基礎』内田種臣・小林昭世訳、勁草書房、一九八八年、一二頁。
Morris, Signs, Language, and Behavior, p. 217.

(26) C. W. Morris, Signs, Language, and Behavior, p. 219, p. 352.

(27) C. W. Morris, Foundations of the Theory fo Signs, Vol. 1, p. 30.
モリス『記号理論の基礎』内田種臣・小林昭世訳、五七頁。

第七章

(1) T. A. Sebeok, An Introduction to Semiotics, University of Toronto Press, 1994, pp. 3-14.

(2) J. Hoffmeyer, Signs of Meaning in the Universe, Indiana University Press, 1996,
ホフマイヤー『生命記号論——宇宙の意味と表象』松野孝一郎・高原美規訳、青土社、一九九九年、五四頁。

(3) C P, 6.32

(4) M・ジェイ編『ハーバーマスとアメリカ・フランクフルト学派』竹内真澄監訳、青木書店、一九九七年、二一五頁。

（5） J. Habermas, Was heisst Universalpragmatik?, Vorstudien und Ergänzungen zur Theorie des kommunikativen Handelns, Suhrkamp Verlag, Frankfurt am Main, 1984, S. 353.

（6） J. Habermas, Theorie des Kommunikativen Handelns, Bde. 1, Suhrkamp Verlag, Frankfurt am Main, 1981, S. 385.
ハーバーマス『コミュニケイション的行為論の理論』（中巻）藤沢賢一郎・岩倉正博・徳永恂・平野嘉彦・山口節郎訳、未来社、一九八六年、三五頁。

（7） J. Habermas, Vorstudien und Ergänzungen zur Theorie des kommunikativen Handelns, Suhrkamp Verlag, Frankfurt am Main, 1984, S. 354.
ハーバーマス『意識論から言語論へ』森元孝・千川剛史訳、マルジェ社、一九九四年、一三九－一四〇頁。

あとがき

本書執筆のきっかけは、上海、華東師範大学で開催された「東アジア国際記号学会」(一九九七年)への参加であった。私たちは大会での緊張を癒すために、大学の近くのディスコに入った、その名はJurassic Disco。八〇年代アメリカン・ポップスが流れる踊り手のいない薄暗いその空間で、私たちは本書の企画を語り合った。

本書刊行は、当初の予定をはるかに越えてしまった。プラグマティズムおよび記号学に関するお互いの思想、概念の相違が露呈し、その溝を埋めるべく議論となり激高し、冷戦状態が長期にわたり、やがては仲直りの盃をかたむける。こんなことが繰り返されたためである。

まえがきに触れたとおり、表現については可能なかぎり簡潔明瞭を旨としてきたが、それに沿わない箇所もあるかと危惧している。第一、二、三章を江川が、第四、五、六、七章を笠松が分担執筆した。著述についての責任は執筆した各自にあり、その他すべては笠松に責任がある。

本書は以下の諸先生による講演から多大の啓発を受けている。現代記号学の動向等とともに先生ご自身の記号論について親しくお話いただけたことは、私たちにとって誠に貴重なものであった。諸先生に感謝の意を表したい。

デリダル（G. Deledalle, ペルピニアン大学）"Epistemology Logic Semiotics"「認識論・論理学・記号論」（日本大学文理学部、一九八七年）

シビオク（T. A. Sebeok, インディアナ州立大学）"Global Semiotics"（日本大学総合科学研究所、一九九五年）

ブーイサック（P. Bouissac, トロント大学）"Ontologies of Signs"（日本大学文理学部、一九九七年）

ブーイサック（P. Bouissac, 同右）"Converging parallels: Semiotics and Psychology in Evolutionary Perspective"（日本大学ネオプラグマティズム研究会、一九九八年）

ランベッリ（F. Rambelli, ウィリアムズ・カレッジ）「曼荼羅の記号論」（日本大学文理学部、一九九八年）

本書は、多くの先生方からの、ご指導、ご助言、ご高配により成立した。日本記号学会、日本科学哲学会の坂本百大先生、藤本隆志先生、日本デューイ学会の峰島旭雄先生、魚津郁夫先生、好並英司先生、他多くの先生方に厚く御礼を申し上げたい。また、笠松をトロント大学哲学部客員研究員に迎えてくださり指導をしてくださった諸先生 L. W. Sumner, F. Cunningham, P. Bouissac, M. Danesi 他多くの先生方に感謝を申し上げたい。

さらに、勁草書房、富岡勝氏のご助言とご高配には厚く御礼を申し上げたい。「おもしろく読みましたよ」という富岡氏の第一声に私たちの労苦は報われて、繰り返された冷戦状態に終止符を打つことができた。

二〇〇二年四月五日

笠松幸一
江川晃

笠松幸一（かさまつ　こういち）

1947年　宮城県に生まれる

1979年　日本大学大学院文学研究科哲学専攻博士課程修了（単位修得）

現　在　日本大学文理学部教授

著書・論文　『21世紀の哲学』（共編著）、八千代出版、2000年

「プラグマティズムとフランクフルト学派」（『理想』第669号、2002年）、ほか

江川　晃（えがわ　あきら）

1954年　神奈川県に生まれる

1990年　日本大学大学院文学研究科哲学専攻博士後期課程修了（単位修得）

現　在　日本大学講師

著書・論文　「C.S. パースの進化的実在論」（『日本デューイ学会紀要』第39号、1998年）

「生命倫理と環境倫理」（『科学哲学』北樹出版、2002年）、ほか

索　引

ア　行

カ　行

サ 行

タ　行

ナ　行

ハ　行

マ　行

ヤ、ラ、ワ行

プラグマティズムと記号学

2002年6月20日　第1版第1刷発行
2005年7月20日　第1版第3刷発行

著　者　笠　松　幸　一
　　　　江　川　　　晃

発行者　井　村　寿　人

発行所　株式会社　勁《けい》　草《そう》　書　房

112-0005　東京都文京区水道2-1-1　振替　00150-2-175253
(編集) 電話 03-3815-5277／FAX 03-3814-6968
(営業) 電話 03-3814-6861／FAX 03-3814-6854
図書印刷・鈴木製本

©KASAMATSU Kôichi, EGAWA Akira　2002

ISBN4-326-15362-8　Printed in Japan

JCLS ＜㈱日本著作出版権管理システム委託出版物＞
本書の無断複写は著作権法上での例外を除き禁じられています。
複写される場合は、そのつど事前に㈱日本著作出版権管理システム
(電話03-3817-5670、FAX03-3815-8199) の許諾を得てください。

＊落丁本・乱丁本はお取替いたします。
http://www.keisoshobo.co.jp

米盛裕二編訳	パース著作集1　現象学	四六判	三一五〇円
内田種臣編訳	パース著作集2　記号学	四六判	二六二五円
遠藤弘編訳	パース著作集3　形而上学	四六判	三一五〇円
米盛裕二	パースの記号学	四六判	三四六五円
伊藤邦武	パースのプラグマティズム　可謬主義的知識論の展開	四六判	†二七三〇円
植村恒一郎	時間の本性	四六判	二八三五円
千葉恵	アリストテレスと形而上学の可能性　弁証術と自然哲学の相補的展開	A5判	八四〇〇円
一ノ瀬正樹	原因と結果の迷宮	四六判	三三六〇円
伊藤笏康	人間に何が分かるか　知識の哲学	四六判	三四六五円
神野慧一郎	我々はなぜ道徳的か	四六判	二八三五円

†オンデマンド出版です。　＊表示価格は二〇〇五年七月現在。消費税は含まれております。